1+X 职业技能鉴定考核指导手册

汽车美容装潢工

五级

编审委员会

主　任　仇朝东

委　员　葛恒双　顾卫东　宋志宏　杨武星　孙兴旺
　　　　刘汉成　葛　玮

执行委员　孙兴旺　张鸿樑　李　晔　瞿伟洁

中国劳动社会保障出版社

图书在版编目(CIP)数据

汽车美容装潢工：五级/上海市职业培训研究发展中心组织编写．—北京：中国劳动社会保障出版社，2010

1＋X职业技能鉴定考核指导手册

ISBN 978-7-5045-8616-2

Ⅰ.①汽…　Ⅱ.①上…　Ⅲ.①汽车-车辆保养-职业技能鉴定-自学参考资料　Ⅳ.①U472

中国版本图书馆CIP数据核字(2010)第176587号

中国劳动社会保障出版社出版发行

（北京市惠新东街1号　邮政编码：100029）

出版人：张梦欣

*

北京市艺辉印刷有限公司印刷装订　新华书店经销

787毫米×960毫米　16开本　8.25印张　132千字

2010年9月第1版　　2018年9月第5次印刷

定价：14.00元

读者服务部电话：(010) 64929211/64921644/84626437

营销部电话：(010) 64961894

出版社网址：http://www.class.com.cn

前　言

职业资格证书制度的推行，对广大劳动者系统地学习相关职业的知识和技能，提高就业能力、工作能力和职业转换能力有着重要的作用和意义，也为企业合理用工以及劳动者自主择业提供了依据。

随着我国科技进步、产业结构调整以及市场经济的不断发展，特别是加入世界贸易组织以后，各种新兴职业不断涌现，传统职业的知识和技术也愈来愈多地融进当代新知识、新技术、新工艺的内容。为适应新形势的发展，优化劳动力素质，上海市人力资源和社会保障局在提升职业标准、完善技能鉴定方面做了积极的探索和尝试，推出了1＋X培训鉴定模式。1＋X中的1代表国家职业标准，X是为适应上海市经济发展的需要，对职业标准进行的提升，包括了对职业的部分知识和技能要求进行的扩充和更新。上海市1＋X的培训鉴定模式，得到了国家人力资源和社会保障部的肯定。

为配合上海市开展的1＋X培训与鉴定考核的需要，使广大职业培训鉴定领域专家以及参加职业培训鉴定的考生对考核内容和具体考核要求有一个全面的了解，人力资源和社会保障部教材办公室、中国就业培训技术指导中心上海分中心、上海市职业培训研究发展中心联合组织有关方面的专家、技术人员共同编写了《1＋X职业技能鉴定考核指导手册》。该手册由“理论知识复习题”“操作技能复习题”和“理论知识模拟试卷及操作技能模拟试卷”三大块内容组成，书中介绍了题库的命题依据、试卷结构和题型题量，同时从上海市1+X鉴定题库中抽取部分理论知识题、操作技能试题和模拟样卷供考生参考和练习，便于考生能够有针对性地进行考前复习准备。今后我们会随着国家职业标准以及鉴定题库的提升，逐步对手册内容进行补充和完善。

本系列手册在编写过程中，得到了有关专家和技术人员的大力支持，在此一并表示感谢。

由于时间仓促，缺乏经验，如有不足之处，恳请各使用单位和个人提出宝贵意见和建议。

1+X职业技能鉴定考核指导手册
编审委员会

目　　录

CONTENTS　1+X职业技能鉴定考核指导手册

汽车美容装潢工职业简介

一、职业名称

汽车美容装潢工。

二、职业定义

使用专用设备、工具、用品等，从事汽车日常清洁、护理及装饰装潢的人员。

三、主要工作内容

从事的工作主要包括：(1) 汽车清洗美容、护理及修复（新车开蜡，漆面的常规维护保养，漆面的恢复性美容，汽车玻璃修复，汽车皮革类、塑料件的修复等）；(2) 汽车内外部的装饰（车厢内衬内饰翻新及改装设计制作、真皮及布艺座椅设计制作、“犀牛皮”与隔热防爆膜张贴、车窗及车门装饰、地板铺设、天窗维护、车体贴饰等）；(3) 汽车电子产品的加装、调试及维护（如安全防盗装置、安全保护装置、报警装置、降声隔噪装置、车载电话与导航装置、视听音响装置的设计、制作、改装）；(4) 汽车消耗品的更换（如轮胎、机油、雨刮器、三滤、清洗剂等）；(5) 汽车性能优化部件（纯正改装零部件）的更换、测试及维护（如轮胎轮毂、避震悬挂系统、刹车系统、车灯系统、车身等的优化、选装、升级等）。

第1部分

汽车美容装潢工（五级）鉴定方案

一、鉴定方式

汽车美容装潢工（五级）的鉴定方式分为理论知识考试和操作技能考核。理论知识考试采用闭卷计算机机考方式，操作技能考核采用现场实际操作方式。理论知识考试和操作技能考核均实行百分制，成绩皆达 60 分及以上者为合格。理论知识或操作技能不及格者可按规定分别补考。

二、理论知识考试方案（考试时间 90 min）

题库参数 题型	考试方式	鉴定题量	分值（分/题）	配分（分）
判断题	闭卷机考	60	0.5	30
单项选择题		70	1	70
小计	—	130	—	100

三、操作技能考核方案

考核项目表

职业（工种）名称	汽车美容装潢工	等级	五级
职业代码			

序号	项目名称	单元编号	单元内容	考核方式	选考方法	考核时间（min）	配分（分）
1	车容检查	1	汽车漆面受损情况的识别	操作	必考	2	6
		2	汽车内部常用材料的识别	操作	必考	2	6
		3	溶剂和汽车油漆漆样的识别	操作	抽二	4（2×2）	12（6×2）
		4	汽车防爆膜的识别				
		5	汽车轮胎的识别				
		6	汽车轮胎损坏情况的识别				
		7	汽车玻璃及灯具的识别				
2	车辆清洗	1	汽车外部清洗	操作	必考	16	20
		2	汽车内室篷壁清洗	操作	抽二	16（8×2）	20（10×2）
		3	汽车仪表台清洗				
		4	汽车座椅清洗				
		5	汽车安全带清洗				
3	车体美容	1	汽车漆面的研磨抛光	操作	必考	8	15
		2	汽车漆面的手工上蜡	操作	必考	6	10
		3	汽车漆面柏油的清除	操作	抽一	2	5
		4	汽车轮胎的护理				
		5	汽车玻璃的护理				
		6	汽车灯具的护理				
4	设备维护与劳动安全	1	清洗设备的使用与维护	操作	必考	4	2
		2	常用辅助工具的使用与维护	操作	抽二	4（2×2）	4（2×2）
		3	消防安全				
		4	劳动安全防护				
合计						64	100
备注							

第 2 部分

鉴定要素细目表

职业（工种）名称					汽车美容装潢工	等级	五级
职业代码							
序号	鉴定点代码				鉴定点内容		备注
	章	节	目	点			
	1				汽车美容与咨询服务		
	1	1			汽车概述		
	1	1	1		汽车之路		
1	1	1	1	1	汽车发展简史		
2	1	1	1	2	中国的汽车之路		
3	1	1	1	3	未来汽车的十大特点		
	1	1	2		汽车的分类		
4	1	1	2	1	汽车按 GB/T 3730.1—2001 分类		
5	1	1	2	2	汽车按动力装置形式分类		
6	1	1	2	3	汽车按行驶机构的特征分类		
	1	1	3		汽车编码编制规则		
7	1	1	3	1	国产汽车产品型号的编制规则		
8	1	1	3	2	VIN 车辆识别代码的组成		
	1	1	4		汽车主要技术参数		
9	1	1	4	1	汽车主要的四个技术参数		
	1	1	5		汽车的使用性能		
10	1	1	5	1	汽车的动力性、燃料经济性、被动安全性		

续表

职业（工种）名称					汽车美容装潢工	等级	五级
职业代码							
序号	鉴定点代码				鉴定点内容	备注	
	章	节	目	点			
	1	1	6		轿车车身构造		
11	1	1	6	1	轿车的类型		
12	1	1	6	2	轿车的造型		
13	1	1	6	3	轿车车身及构件组成		
14	1	1	6	4	车身壳体结构及门窗		
15	1	1	6	5	汽车空气调节系统的组成		
16	1	1	6	6	汽车空调制冷剂的种类		
17	1	1	6	7	安全防护装置的功能		
18	1	1	6	8	汽车尾翼的作用及原理		
	1	2			汽车美容基础知识		
	1	2	1		蓬勃发展的汽车美容业		
19	1	2	1	1	汽车消费带来的巨大商机		
20	1	2	1	2	汽车美容业的产生与发展		
21	1	2	1	3	汽车美容与汽车维修的区别		
	1	2	2		常见的汽车美容作业及操作工序		
22	1	2	2	1	汽车外部美容作业项目		
23	1	2	2	2	汽车内部美容作业项目		
24	1	2	2	3	汽车美容常用术语		
	1	3			汽车美容装潢从业人员接待礼仪规范		
	1	3	1		仪容仪表		
25	1	3	1	1	仪容仪表的概念		
26	1	3	1	2	服装穿着的要求		
27	1	3	1	3	仪容卫生的要求		
28	1	3	1	4	仪表仪态的要求		
	1	3	2		礼貌礼节		
29	1	3	2	1	思想态度		

续表

职业（工种）名称					汽车美容装潢工	等级	五级
职业代码							
序号	鉴定点代码				鉴定点内容		备注
	章	节	目	点			
30	1	3	2	2	言谈举止		
31	1	3	2	3	次序礼节		
	1	4			客户咨询解答技巧与服务		
	1	4	1		咨询中的倾听技巧		
32	1	4	1	1	倾听的重要性		
33	1	4	1	2	常见的倾听障碍		
	1	4	2		咨询的语言技巧		
34	1	4	2	1	咨询的提问艺术		
	1	4	3		咨询接待操作实务		
35	1	4	3	1	咨询接待程序		
36	1	4	3	2	咨询接待中的注意事项		
	1	5			车容保养专业知识		
	1	5	1		新车保养		
37	1	5	1	1	新车保养的要点之一：打蜡与擦车		
38	1	5	1	2	新车保养的要点之二：车厢内部清洁		
	1	5	2		不同季节的车容保养		
39	1	5	2	1	夏季保养		
40	1	5	2	2	冬季保养		
41	1	5	2	3	雨季保养		
	1	5	3		汽车保养中应注意的问题		
42	1	5	3	1	车容保养中的注意事项		
	2				车貌检查		
	2	1			汽车外部漆面的检查		
	2	1	1		汽车涂层的一般知识		
43	2	1	1	1	合格汽车涂料的一般特点		
44	2	1	1	2	汽车表面涂层的作用		

续表

职业（工种）名称					汽车美容装潢工	等级	五级
职业代码							
序号	鉴定点代码				鉴定点内容		备注
	章	节	目	点			
45	2	1	1	3	汽车涂料的组成		
46	2	1	1	4	车身表面涂料的类型		
47	2	1	1	5	腻子的性能特点		
48	2	1	1	6	中涂层的性能特点		
49	2	1	1	7	面漆的性能特点		
50	2	1	1	8	金属漆的性能特点		
51	2	1	1	9	环保型涂料		
52	2	1	1	10	汽车颜色的选择与识别		
	2	1	2		汽车漆面的检查方法		
53	2	1	2	1	漆面失光的原因与处理		
54	2	1	2	2	漆面检查操作实务		
	2	2			汽车内部检查		
	2	2	1		汽车内部构件常用材料		
55	2	2	1	1	纤维制品的性能特点		
56	2	2	1	2	皮革制品的性能特点		
57	2	2	1	3	塑料制品的性能特点		
	2	2	2		车内篷壁的检查		
58	2	2	2	1	车内篷壁的介绍与检查		
	2	2	3		仪表台及空调的检查		
59	2	2	3	1	仪表台及空调的检查要点		
	2	2	4		座椅、坐垫、枕垫、地板、桃木装饰的检查		
60	2	2	4	1	座椅及头枕的功用		
61	2	2	4	2	汽车坐垫、枕垫的种类及选用		
62	2	2	4	3	座椅、坐垫及枕垫的检查		
63	2	2	4	4	汽车地板与桃木装饰的检查		
	2	2	5		视听装置的检查		

续表

职业（工种）名称					汽车美容装潢工	等级	五级
职业代码							
序号	鉴定点代码				鉴定点内容	备注	
	章	节	目	点			
64	2	2	5	1	视听装置的作用		
65	2	2	5	2	视听装置的种类		
66	2	2	5	3	视听装置的特点		
67	2	2	5	4	视听装置的常见指标与检查		
	2	2	6		安全装置的检查		
68	2	2	6	1	汽车防盗装置的分类		
69	2	2	6	2	汽车安全报警装置的分类		
70	2	2	6	3	汽车安全保护装置的分类		
	2	2	7		车内常见饰品的检查		
71	2	2	7	1	车内饰品的摆放		
	2	2	8		防爆膜及电动窗帘的检查		
72	2	2	8	1	防爆膜的功用及检查		
73	2	2	8	2	电动窗帘的功用		
	2	3			汽车其他部件的检查		
	2	3	1		汽车轮胎的检查		
74	2	3	1	1	汽车轮胎的分类		
75	2	3	1	2	轮胎型号的识别		
76	2	3	1	3	子午线轮胎的特点		
77	2	3	1	4	无内胎轮胎的特点		
78	2	3	1	5	汽车轮胎的检查要点		
	2	3	2		汽车玻璃的检查		
79	2	3	2	1	车窗玻璃的分类		
80	2	3	2	2	汽车玻璃的检查要点		
81	2	3	2	3	玻璃升降器的特征		
82	2	3	2	4	玻璃密封条的作用		
83	2	3	2	5	汽车后视镜的作用		

续表

职业（工种）名称					汽车美容装潢工	等级	五级
职业代码							
序号	鉴定点代码				鉴定点内容		备注
	章	节	目	点			
	2	3	3		汽车灯具的检查		
84	2	3	3	1	汽车灯光的含义		
85	2	3	3	2	汽车照明装置的分类		
86	2	3	3	3	汽车信号装置		
87	2	3	3	4	汽车灯具的检查要点		
	2	3	4		雨刮器的检查		
88	2	3	4	1	雨刮器的结构与检查要点		
	2	3	5		天窗的检查		
89	2	3	5	1	天窗的结构与检查要点		
	3				车辆清洗		
	3	1			汽车外部清洗		
	3	1	1		清洗准备		
90	3	1	1	1	汽车的腐蚀及污渍分析		
91	3	1	1	2	清洗的时机		
92	3	1	1	3	清洗介质的选用		
	3	1	2		手工水冲淋清洗操作		
93	3	1	2	1	汽车清洗的原则		
94	3	1	2	2	清洗前的检查		
95	3	1	2	3	浸润的水温水压要求		
96	3	1	2	4	车身清洗		
97	3	1	2	5	玻璃的擦洗程序及要求		
98	3	1	2	6	汽车轮胎与发动机的清洗		
99	3	1	2	7	汽车清洗时的注意事项		
	3	1	3		各种功能的手工清洗		
100	3	1	3	1	车身静电去除清洗		
101	3	1	3	2	车身交通膜去除清洗		

续表

职业（工种）名称					汽车美容装潢工	等级	五级
职业代码							
序号	鉴定点代码				鉴定点内容	备注	
	章	节	目	点			
102	3	1	3	3	车身除蜡清洗		
103	3	1	3	4	新车开蜡清洗		
	3	1	4		节水型清洗		
104	3	1	4	1	无水洗车		
105	3	1	4	2	蒸汽洗车		
106	3	1	4	3	汽水混合洗车		
	3	1	5		全自动洗车机清洗		
107	3	1	5.	1	洗车前对清洗车的要求		
108	3	1	5	2	全自动洗车机清洗的操作		
	3	2			汽车内室的清洗与护理		
	3	2	1		汽车内室的清洗		
109	3	2	1	1	内室污渍的种类及成因		
110	3	2	1	2	常用的内室去污方法		
111	3	2	1	3	内室清洁的操作程序		
112	3	2	1	4	内室顶篷的清洁		
113	3	2	1	5	前后风挡内面的清洁		
114	3	2	1	6	仪表台及排挡区的清洁		
115	3	2	1	7	汽车其他部位的清洁		
116	3	2	1	8	纤维织物的清洁		
117	3	2	1	9	皮革制品及合成革的清洗		
118	3	2	1	10	特殊污渍的清洁		
119	3	2	1	11	清洁汽车内室的注意事项		
	3	2	2		汽车内室的护理		
120	3	2	2	1	皮革制品的护理		
121	3	2	2	2	其他制品的护理		
122	3	2	2	3	内室护理的注意事项		

续表

职业（工种）名称					汽车美容装潢工	等级	五级
职业代码							
序号	鉴定点代码				鉴定点内容		备注
	章	节	目	点			
	3	2	3		汽车内室的杀菌消毒与熏香		
123	3	2	3	1	内室的杀菌消毒		
124	3	2	3	2	内室异味的消除与熏香		
125	3	2	3	3	车用香品的选用		
	4				车辆美容		
	4	1			车体上蜡及抛光		
	4	1	1		车体上蜡准备		
126	4	1	1	1	汽车打蜡的作用		
127	4	1	1	2	车蜡的选用原则		
128	4	1	1	3	车蜡的选用方法		
129	4	1	1	4	普通车蜡与高级车蜡的区别		
130	4	1	1	5	上蜡的时机		
	4	1	2		车体上蜡操作		
131	4	1	2	1	上蜡操作的程序		
132	4	1	2	2	上蜡操作的注意事项		
	4	1	3		车身封釉		
133	4	1	3	1	封釉与打蜡、镀膜的区别		
134	4	1	3	2	车身封釉和釉面抛光的工序		
	4	2			汽车漆面小伤痕的恢复性美容		
	4	2	1		常用漆面处理用品简介		
135	4	2	1	1	常用漆面处理用品的种类		
	4	2	2		汽车漆面的研磨与抛光		
136	4	2	2	1	研磨剂的性能特点		
137	4	2	2	2	漆面损伤的鉴别		
138	4	2	2	3	漆面研磨的操作		
139	4	2	2	4	漆面抛光的作用		

续表

职业（工种）名称					汽车美容装潢工	等级	五级
职业代码							
序号	鉴定点代码				鉴定点内容		备注
	章	节	目	点			
140	4	2	2	5	抛光剂的性能特点		
141	4	2	2	6	增光剂、还原剂的性能特点		
142	4	2	2	7	需抛光处理漆面的辨别		
143	4	2	2	8	抛光材料的选用		
144	4	2	2	9	漆面抛光操作程序		
145	4	2	2	10	漆面抛光的注意事项		
	4	2	3		汽车外表漆面的修补与调色		
146	4	2	3	1	汽车外表漆面修补涂料的组成		
147	4	2	3	2	修补漆与原厂漆的区别		
148	4	2	3	3	汽车修补漆颜色的标定		
	4	2	4		汽车漆面小伤痕的处理		
149	4	2	4	1	漆面处理的作用		
150	4	2	4	2	漆面小伤痕处理的范围		
151	4	2	4	3	漆面轻度划痕的处理		
152	4	2	4	4	漆面中度划痕的处理		
153	4	2	4	5	漆面深度划痕的处理		
154	4	2	4	6	应由修理厂处理的漆面损伤		
	4	3			汽车其他部位的美容及保养		
	4	3	1		车身沥青处理		
155	4	3	1	1	车身沥青处理程序与注意事项		
	4	3	2		汽车车轮的美容及保养		
156	4	3	2	1	金属轮辋的美容及保养		
157	4	3	2	2	轮胎的美容		
158	4	3	2	3	胎压和胎温的要求		
159	4	3	2	4	轮胎的换位		
160	4	3	2	5	换胎的注意事项		

续表

职业（工种）名称					汽车美容装潢工	等级	五级
职业代码							
序号	鉴定点代码				鉴定点内容		备注
	章	节	目	点			
161	4	3	2	6	轮胎使用的注意事项		
	4	3	3		汽车玻璃的美容及保养		
162	4	3	3	1	汽车玻璃的护理		
163	4	3	3	2	汽车风挡玻璃漏水的处理		
164	4	3	3	3	汽车玻璃裂缝的修补		
	4	3	4		汽车灯具的美容及保养		
165	4	3	4	1	汽车灯具的更换		
166	4	3	4	2	灯具更换的注意事项		
	5				设备维护与劳动安全		
	5	1			清洗设备的使用与维护		
	5	1	1		手工清洗设备的使用与维护		
167	5	1	1	1	移动式清洗机的使用与维护		
168	5	1	1	2	泡沫清洗机的使用与维护		
169	5	1	1	3	空气压缩机的使用与维护		
	5	1	2		微水清洗设备的使用与维护		
170	5	1	2	1	蒸汽清洗设备的结构		
171	5	1	2	2	蒸汽清洗设备的使用与保养		
172	5	1	2	3	汽水混合清洗设备的使用与维护		
173	5	1	2	4	使用汽水混合清洗设备的注意事项		
	5	1	3		全自动清洗设备的使用与保养		
174	5	1	3	1	全自动清洗设备的功能		
175	5	1	3	2	全自动清洗设备的保养		
	5	1	4		洗车污水循环回用设备的使用与维护		
176	5	1	4	1	洗车与水资源		
177	5	1	4	2	污水处理常用工艺		
	5	2			常用辅助工具的使用与维护		

续表

职业（工种）名称					汽车美容装潢工	等级	五级
职业代码							
序号	鉴定点代码				鉴定点内容	备注	
	章	节	目	点			
	5	2	1		常用机械辅助工具的使用与维护		
178	5	2	1	1	吸尘（吸水）器的使用与维护		
179	5	2	1	2	研磨（抛光）机的种类		
180	5	2	1	3	研磨（抛光）机的构造		
181	5	2	1	4	研磨盘和抛光盘的选用		
182	5	2	1	5	研磨（抛光）机的安全操作		
183	5	2	1	6	打蜡机的使用与维护		
	5	2	2		常用手工辅助工具的使用与维护		
184	5	2	2	1	海绵		
185	5	2	2	2	毛巾		
186	5	2	2	3	麂皮		
187	5	2	2	4	车巾		
188	5	2	2	5	刷子		
189	5	2	2	6	刮涂工具		
190	5	2	2	7	打磨抛光工具		
	5	3			劳动安全		
	5	3	1		必须重视安全问题		
191	5	3	1	1	汽车美容装潢作业中的安全问题		
	5	3	2		防火防爆安全知识		
192	5	3	2	1	易燃性溶剂的危险性		
193	5	3	2	2	燃烧与防（灭）火		
194	5	3	2	3	化学泡沫灭火器的使用与保养		
195	5	3	2	4	干粉灭火器的使用与保养		
	5	3	3		卫生安全防护		
196	5	3	3	1	作业中的安全防护		
197	5	3	3	2	卫生安全防护措施		

续表

职业（工种）名称					汽车美容装潢工	等级	五级
职业代码							
序号	鉴定点代码				鉴定点内容	备注	
	章	节	目	点			
198	5	3	3	3	日常个人安全规章		
	5	3	4		其他安全防护知识		
199	5	3	4	1	电动工具的安全		
200	5	3	4	2	正确使用延接线		

第 3 部分

理论知识复习题

汽车美容与咨询服务

一、判断题（将判断结果填入括号中。正确的填“√”，错误的填“×”）

1. 1885 年，德国人本茨研制成功一台四冲程小型单缸汽油机。 （ ）

2. 中国人开始制造汽车是在 1929 年，由当时的北京迫击炮厂用美国的全车散件组装了一台载重汽车。 （ ）

3. 汽车会给人类社会带来能源危机、环境污染、交通事故等负面影响。 （ ）

4. 柴油机将被更多的轿车所采用，这是未来汽车发展趋势之一。 （ ）

5. 在 GB/T 3730. 1—2001 分类方法中，已经取消了“轿车”这一称呼。 （ ）

6. 商用车的座位包括驾驶座在内最多不超过 9 个。 （ ）

7. 汽车按照动力装置形式分类，可分为活塞式内燃机汽车、电动汽车、燃气轮机汽车、喷气式汽车。 （ ）

8. 常见的轮式越野车基本都采用全轮驱动的结构形式。 （ ）

9. 国产汽车的基本产品型号一般用两个汉语拼音字母表示企业代号，用数字表示汽车的特征。 （ ）

10. 汽车编号中补充代号在基本型号的后面，它的位数可以由企业自定。 （ ）

11. VIN 车辆识别代码由一组字母和阿拉伯数字共 10 位组成。 （ ）

12. 整车装备质量只包括随车工具、备用车轮及其他备品的质量。 （ ）

13. 最大总质量与整车装备质量之差称为最大装载质量。（　）

14. 汽车的动力性主要由汽车的最高车速、汽车的加速能力和汽车最大爬坡度这三个方面的指标来评定。（　）

15. 汽车被动安全性是指发生事故后，汽车本身减轻人员受伤和货物受损的性能。（　）

16. 为了减小空气的阻力，轿车的车头将会变得越来越趋于楔形。（　）

17. 轿车是用于载送人员及其随身物品，且座位布置在两轴之间的三轮汽车。（　）

18. 轿车的车身质量约占整车质量的 30%～40%。（　）

19. 客车车身多数具有明显的骨架，而轿车车身则没有明显的骨架。（　）

20. 轿车车身壳体由前车身、中间车身和后车身三大部分及相关构件组成。（　）

21. 汽车空调由采暖装置、通气装置和净化装置三部分组成。（　）

22. 制冷剂 R134a 一旦泄漏会破坏地球的臭氧保护层。（　）

23. 发生车辆碰撞事故时，安全防护装置只能有效地减轻人员伤亡程度而不能减轻车辆损坏程度。（　）

24. 对乘员施加约束，使之避免在汽车发生碰撞时被车内物体撞击或被甩出车外是汽车安全防护装置的基本功能之一。（　）

25. 汽车尾翼又可称为汽车导流板。（　）

26. 汽车尾翼的主要作用是能有效地减少轿车在高速行驶时的空气阻力并节省燃料。（　）

27. 国外一般汽车销售商的利润来源中，汽车销售利润所占的比例最大。（　）

28. 到 20 世纪 70 年代，汽车美容已经成为全球一大不可忽视的产业。（　）

29. 汽车美容是由专业的技术人员，使用专门的技术，根据汽车各部位情况，用有针对性的美容养护产品以及专业工具设备，按照一定的施工工艺和操作程序所完成的一项专业作业。（　）

30. 车身清洗从作业内容上来划分，有新车开蜡清洗、化学清洗、车身静电去除清洗等。（　）

31. 汽车底盘封塑属于汽车美容作业项目。（　）

32. 汽车内室的饰件大多由塑料、橡胶、皮革、纤维等材料制成。（ ）

33. 发动机美容的主要内容有发动机冲洗清洁、发动机免拆除炭清洗等。（ ）

34. 不脱蜡洗车指的是使用专门的洗车液对汽车进行清洗，以清除漆面的尘土、污渍等，但不会去掉原有漆面上的车蜡。（ ）

35. 顾客对企业的第一印象常源自于企业员工的穿着打扮和行为举止。（ ）

36. 为提高工作质量，汽车美容装潢从业人员应当选择短小一点的服装样式。（ ）

37. 由于汽车美容装潢作业工作量较大，容易出汗，故从业人员应当勤洗澡、勤换衣，在岗期间还要忌吃葱、蒜、韭菜等带有异味的食物。（ ）

38. 汽车美容装潢从业人员最好不要抽烟。（ ）

39. 男员工走路应大腿带动小腿。（ ）

40. 在引路、指示方向时，应该用食指进行指点。（ ）

41. 汽车美容装潢从业人员应本着“来者都是客”的真诚态度，以优质服务取得顾客的信任。（ ）

42. 敬语是表示尊敬和礼貌的词语，它的最大特点是彬彬有礼、热情庄重。（ ）

43. 所谓雅语，是指一些比较文雅的词语，它一般和俗语相对应。（ ）

44. 送别顾客时，服务人员应走在顾客的后面。（ ）

45. 倾听的定义为：通过视觉、听觉媒介吸收、接收和理解对方的思想、信息和情感的过程。（ ）

46. 用心不专、急于发言、心理定式、厌倦与消极的肢体语言都是倾听者的倾听障碍。（ ）

47. 只有将汽车装潢门店环境布置得比较整洁温馨，才能最大程度地克服与顾客沟通过程中的环境障碍。（ ）

48. 想进一步获取顾客信息，封闭式问题会给对方以充分发挥的余地。（ ）

49. 发现新划痕时，一定要及时告知顾客，以取得沟通。（ ）

50. 发现新划痕时，可以不用告知顾客。（ ）

51. 当驾驶员非车主时，不应一味向其进行过分的推销，以免引起不必要的尴尬。（ ）

52. 在与顾客接触的过程中，应规范使用礼貌用语，在任何情况下都不得与顾客大声争执。（　　）

53. 通常新车在购置后应立即打蜡。（　　）

54. 新车内室的空气污染主要来自车内装饰材料所含的有毒物质与烟味。（　　）

55. 夏天进入停放在露天停车场的车内时，应该先打开两侧车门进行通风，然后关门启动车辆上路，再按下空调启动键进行制冷。（　　）

56. 夏季到来之前，最好对汽车空调的进气滤清器与冷凝水排放管进行清洁保养，以保持空调运行的最佳状态。（　　）

57. 发动机外部清洁与否并不影响其使用。（　　）

58. 在冬季启动雨刮器前要用手稍动一下，防止橡胶片与风挡玻璃冻结在一起。（　　）

59. 水分子中的氢与空气中因燃料燃烧而产生的硫结合后会形成酸根，而这些酸性成分对汽车的漆面具有较强的腐蚀作用。（　　）

60. 汽车在室外停放应罩上车衣。（　　）

二、单项选择题（选择一个正确的答案，将相应的字母填入题内的括号中）

1. 本茨和（　　）被称为“汽车之父”。

A. 福特　　B. 古诺　　C. 戴姆勒　　D. 奥托

2. 德国人发明了汽车，但是促使汽车发展的却是（　　）人。

A. 法国　　B. 美国　　C. 日本　　D. 俄国

3. 中国人开始制造汽车是在 1929 年，由当时的沈阳迫击炮厂用美国的全车散件组装了一台（　　）。

A. 轿车　　B. 载重汽车　　C. 面包车　　D. 越野车

4. 电控燃油喷射发动机将取代化油器发动机，这是（　　）技术发展的标志之一。

A. 内燃机　　B. 蒸汽机　　C. 柴油机　　D. 汽油机

5. 出于人们对环保的强烈呼声，（　　）汽车将进入实用阶段。

A. 内燃　　B. 电动　　C. 柴油　　D. 汽油

6. 乘用车的座位包括驾驶座在内最多不超过（　　）个。

A. 7　　B. 8　　C. 9　　D. 10

7. 活塞式内燃机汽车根据其使用燃料不同，通常分为（　　）和柴油车。

A. 内燃车　　B. 蒸汽车　　C. 电动车　　D. 汽油车

8. 汽车按照动力装置形式分类，可分为（　　）、电动汽车、燃气轮机汽车、喷气式汽车。

A. 货车　　B. 客车

C. 活塞式内燃机汽车　　D. 多功能车

9. 一般汽车中表示四轮驱动的符号有4×4、AWD和（　　）。

A. 4WD　　B. 4×2　　C. 2×4　　D. 2WD

10. 常见的轮式越野车基本都采用（　　）驱动的结构形式。

A. 二轮　　B. 全轮　　C. 后轮　　D. 前轮

11. 下列代号中表示第一汽车制造厂的是（　　）。

A. EQ　　B. CA　　C. CQ　　D. SK

12. VIN 车辆识别代码由一组字母和阿拉伯数字共（　　）位组成。

A. 15　　B. 16　　C. 17　　D. 18

13. VIN 车辆识别代码由（　　）组成，其中第一部分是世界制造厂识别代号。

A. 三个部分　　B. 四个部分　　C. 五个部分　　D. 两个部分

14. 在支承平面上，同轴左右车轮两轨迹中心间的距离为（　　）。

A. 轴距　　B. 接近角　　C. 轮距　　D. 离去角

15.（　　）主要由汽车的最高车速、汽车的加速能力和汽车最大爬坡度这三个方面的指标来评定。

A. 汽车的动力性　　B. 汽车的制动性

C. 汽车的通过性　　D. 汽车的安全性

16. 普通轿车的发动机排量为（　　）。

A. 1 L 以下　　B. 1～1.6 L　　C. 2.5～4 L　　D. 4 L 以上

17. 高级轿车的发动机排量为（　　）。

A. 1 L 以下　　B. 1～1.6 L　　C. 2.5～4 L　　D. 4 L 以上

18. 鱼形轿车高速行驶时产生的升力使车轮附着力减弱，稳定性差，因而（　　）轿车开始逐步取而代之。

A. 楔形　　B. 马车形　　C. 船形　　D. 甲壳虫形

19. 未来的轿车造型必然在楔形轿车的基础上加以改进，甚至发展成为（　　）车身。

A. 楔形　　B. 水滴状　　C. 船形　　D. 甲壳虫形

20. 车身内部装饰件包括（　　）、顶篷、侧壁、座椅等表面覆饰物，以及窗帘和地毯。

A. 仪表台　　B. 制动踏板　　C. 机盖　　D. 车轮装饰罩

21. 汽车车身按车辆承载（车身受力）方式可分为（　　）三种。

A. 动承载、静承载和综合承载　　B. 非承载、半承载和承载

C. 正承载、负承载和一般承载　　D. 动承载、静承载和一般承载

22. 为减小汽车的整车质量和节约材料，大多数中级、普通级轿车常采用（　　）。

A. 非承载式车身　　B. 半承载式车身

C. 承载式车身　　D. 敞篷车身

23. 夏季轿车室内外温差宜保持在（　　）℃范围内。

A. 5～7　　B. 7～9　　C. 9～11　　D. 3～5

24. 一般情况下，轿车内每位成年乘客所需的新鲜空气应为（　　）m^3/h。

A. 10～20　　B. 20～30　　C. 30～40　　D. 40～50

25. R134a 维修阀采用快速接头，（　　）。

A. 管道接口采用英制，修理工具采用公制

B. 管道接口采用公制，修理工具采用英制

C. 管道接口和修理工具全部采用英制

D. 管道接口和修理工具全部采用公制

26. 国家规定（　　）年以后生产的新车，不准再使用 R12 作为汽车空调制冷剂。

A. 1999　　B. 2000　　C. 2001　　D. 2002

27. 发生车辆碰撞事故时，（　　）能有效地减轻人员伤亡程度以及车辆损坏程度。

A. 通风装置　　B. 安全防护装置

C. 采暖装置　　D. 报警装置

28. 根据空气动力学原理，汽车的车速与空气阻力平方成正比，所以（　　）。

A. 车速越快，空气阻力越大　　B. 车速越快，空气阻力越小
C. 车速越慢，空气阻力越大　　D. 空气阻力和车速没有关系

29. 有关统计表明，汽车工业每增值 1 元给上下游产业带来的增值基本为（　　）。
A. 1 元左右　　B. 1～2 元　　C. 2 元以上　　D. 0.5～0.8 元

30. 汽车售后服务 4S 形式为：整车销售、售后服务、零件供应和（　　）。
A. 信息反馈　　B. 汽车维修　　C. 汽车护理　　D. 汽车装潢

31. 汽车美容目前已不再是一般概念上的常规汽车保洁美容作业，它还包括一系列的汽车护理技术，以达到（　　）的功效。
A. 旧车变新、新车保值、延寿增益　　B. 旧车变新、旧车保值、延寿增益
C. 旧车变新、旧车保值　　D. 旧车保值

32. 20 世纪 70 年代后期，汽车美容业开始走向（　　）。
A. 非洲　　B. 亚洲　　C. 欧洲　　D. 澳洲

33. 汽车美容装潢业注重的是（　　），相当于美容院注重的是人的外貌与打扮。
A. 汽车车况　　B. 汽车行驶情况
C. 汽车车貌　　D. 汽车运行情况

34. 随着（　　）的日益盛行，汽车美容装潢逐渐从汽车维修开始分化成一个独立的专业。
A. 学习驾驶　　B. 购买高档轿车
C. 家电下乡　　D. 私家车的普及和汽车个性化消费

35. 下列选项中，（　　）属于微水洗车的范畴。
A. 蒸汽清洗　　B. 化学清洗
C. 手工高压喷枪清洗　　D. 循环水清洗

36. 下列选项中，（　　）不属于汽车内室美容的主要内容。
A. 音响区清洁养护　　B. 转向盘清洁养护
C. 车身上蜡　　D. 行李箱清洁养护

37. （　　）是最普通的日常洗车。
A. 无水洗车　　B. 脱蜡洗车　　C. 不脱蜡洗车　　D. 新车开蜡

38.（　　）是车身漆面在高速行驶时受到风沙的不断摩擦，长期积累下来的纹痕。

A. 交通膜　　B. 漆面退色　　C. 漆面氧化　　D. 太阳纹

39. 下列选项中，（　　）不属于仪容仪表的范畴。

A. 容貌　　B. 姿态　　C. 服饰　　D. 礼节

40. 良好的仪容仪表能够体现多种意义，但不包括（　　）。

A. 员工的自尊自爱　　B. 对岗位工作高度的责任感与事业心

C. 对顾客的尊重　　D. 穿着体面精神

41. 为提高工作质量，汽车美容装潢从业人员应当选择（　　）的服装样式。

A. 紧身一点　　B. 宽松一点　　C. 短小一点　　D. 时尚一点

42. 为提高工作质量，汽车美容装潢从业人员应当选择使用（　　）的服装样式。

A. 拉链　　B. 塑料纽扣

C. 带门襟的塑料纽扣　　D. 挎纽

43. 汽车美容装潢从业人员需要忌吃的食物是（　　）。

A. 葱　　B. 青菜　　C. 辣椒　　D. 姜

44. 汽车美容装潢从业人员站立时应（　　）。

A. 微扬下颌　　B. 微收下颌

C. 下颌平直　　D. 上身微微前倾

45. 汽车美容装潢是一个（　　）行业，因此讲究文明礼貌有特殊的意义。

A. 窗口　　B. 后勤　　C. 后台　　D. 内勤

46. 汽车美容装潢服务的对象来自于各个方面，不管是豪华车的车主还是（　　），决不能有任何看客施礼的意识，更不能有以衣帽取人的错误态度。

A. 出租车驾驶员　　B. 外国人

C. 本国人　　D. 本地人

47. 在服务行业，“礼貌用语十个字”是：您好、请、谢谢、（　　）、再见。

A. 对不起　　B. 干什么　　C. 下次见　　D. 不客气

48. 在迎接顾客时，一般应走在顾客（　　）。

A. 前面　　B. 后面　　C. 右面　　D. 左面

49. 当由专职司机开车时，贵宾应坐在轿车（　　）。

A. 驾驶员边上　　B. 后排右侧　　C. 后排中间　　D. 后排任意位置

50. 汽车美容装潢表面上看来是在为汽车服务，但实质上服务对象是（　　）。

A. 驾驶员　　B. 车的主人　　C. 乘客　　D. 汽车

51. 在与顾客沟通的过程中，（　　）的时间远超出其他任何沟通方式。

A. 书写　　B. 阅读　　C. 交谈　　D. 倾听

52. 一般来说，人思考的速度与说话的速度相比（　　）。

A. 要快 3～5 倍　　B. 要略慢一些　　C. 差不多　　D. 要慢得多

53. 当希望用问题引导对方接受你的意见时，最好用（　　）的问题来进行提问。

A. 范围较宽　　B. 范围较窄　　C. 较为间接　　D. 较为温和

54. 顾客的性格、特点往往从其所拥有的汽车，特别是汽车内室中得到充分反映，如内室是井井有条的，则说明车主（　　）。

A. 个性活跃　　B. 杂乱无章　　C. 情感细腻　　D. 一丝不苟

55. 接待员要详细填写（　　），安排员工作业，服务项目填写清楚、明确，尽量避免顾客与技师等操作人员发生误会。

A. 库存卡　　B. 派工单　　C. 领料单　　D. 账单

56. 下列选项中，（　　）不是咨询接待的注意事项。

A. 顾客的消费能力　　B. 消费的决定权

C. 顾客的职业　　D. 顾客的真实需要

57. 车辆漆面损伤最大部位依次是（　　）。

A. 发动机罩→车顶→行李箱盖→车门

B. 发动机罩→车顶→车门→行李箱盖

C. 发动机罩→车门→行李箱盖→车顶

D. 车顶→发动机罩→行李箱盖→车门

58. 擦车时最好带水操作，平时少用掸子，千万不要用（　　）擦车。

A. 棉丝　　B. 麂皮　　C. 毛巾　　D. 软布

59. 新车内的有害气体一般要在（　　）个月后才能基本散尽。

A. 3　　B. 6　　C. 9　　D. 12

60. 最好每（　　）个月左右进行一次全套车内专业护理，以保持车厢内的整洁。

A. 3　　B. 2　　C. 1　　D. 6

61. 夏季气候炎热，最好不要选配用（　　）制成的凉垫。

A. 玉石　　B. 竹　　C. 麻　　D. 草

62. 通常雨刮器胶皮需要（　　）更换一次。

A. 一年　　B. 两年　　C. 三年　　D. 半年

63. 在雨季对漆面最有效的保护办法是（　　）。

A. 打蜡和封釉　　B. 洗车　　C. 抛光　　D. 贴膜

64. 车身底部防锈处理就是在汽车底盘上喷涂一层（　　）mm 左右的高分子橡胶聚合物。

A. 0.3　　B. 0.4　　C. 0.5　　D. 0.6

65. 下列选项中，（　　）物品最易因摩擦而产生静电。

A. 纯棉类　　B. 毛料类　　C. 化纤类　　D. 麻类

66. 车蜡最好选用（　　），对防止静电具有较为明显的效果。

A. 普通车蜡　　B. 防静电车蜡　　C. 增光蜡　　D. 粗抛蜡

车貌检查

一、判断题（将判断结果填入括号中。正确的填“√”，错误的填“×”）

1. 具有良好的防锈作用是涂装底漆层不可缺少的原因之一。（　　）

2. 汽车油漆的作用一般有：保护作用、装饰作用、特殊作用和标志作用。（　　）

3. 涂料具有色彩鲜明、保持性差、涂装方便等特点。（　　）

4. 成膜树脂起到一定的保护与装饰作用，具有诸如光泽、硬度、弹性、耐水、耐酸碱等性能。（　　）

5. 烘烤干燥型涂料的干燥，是靠成膜物质在高温作用下起交联反应固化成膜。（　　）

6. 按涂装工艺来划分，一般汽车涂层可分为腻子、中涂层和面漆三层。（　　）

7. 腻子可由施工人员按一定的配方自行调制。（ ）

8. 中涂层应具有良好的填平性，能封闭底漆层上的小缺陷。（ ）

9. 中涂层不是面漆，故对抗石击性能的要求不高。（ ）

10. 汽车面漆分为两类，即本色漆和金属闪光漆。（ ）

11. 面漆漆膜应坚硬耐磨，具有足够的硬度和抗擦伤性。（ ）

12. 水性金属闪光漆的施工必须有恒温恒湿条件，一般施工温度为 22～28℃。（ ）

13. 水性罩光漆是 20 世纪 90 年代开发出来的环保型水性涂料。（ ）

14. 平时人们在用眼睛观察事物时往往会产生一些知觉方面的偏差，这些偏差在心理学上被称为“视错觉”。（ ）

15. 视认性好的颜色能见度佳，将它们用于轿车外部可以提高行车安全性。（ ）

16. 汽车在日常运行过程中产生的交通膜是漆面失光的主要原因之一。（ ）

17. 金属漆受损后可能会产生一种非常细微的裂纹，这种现象叫做龟裂。（ ）

18. 平绒和天鹅绒是同一种面料，只是名称不同。（ ）

19. 马海毛一般有两种纺织方法：平的和拉毛的。（ ）

20. 水牛皮革毛孔细小，呈圆形，分布均匀紧密，毛孔伸向里面，革面丰满光亮，皮板柔软，纹理细密结实，手感坚实而富有弹性。（ ）

21. 汽车的仪表台等构件都是用热塑性塑料制成的。（ ）

22. 塑料具有外表美观、质量轻盈、便于加工等特点。（ ）

23. 驾驶室内壁的原始颜色是生产厂商在设计时经过反复论证、充分优选后才确定下来的，在美容装潢过程中不应随意改变它。（ ）

24. 驾驶室内壁的原始颜色可以随意改变。（ ）

25. 仪表台和空调（开关及出风口）一般多用塑胶材料制成。（ ）

26. 在检查时仪表台如有损坏应事先提醒顾客，以免引起不必要的麻烦。（ ）

27. 对于汽车座椅，不能随意增减材料或改变其结构。（ ）

28. 头枕在行车安全方面具有不容忽视的作用。（ ）

29. 汽车坐（枕）垫的选取可遵循经济原则、实用原则和安全原则。（ ）

30. 取一只热熨斗熨烫一下，盐霜可被皮革吸收而油霜则不能。（ ）

31. 竹皮坐垫光滑发亮，纹路清晰；竹芯坐垫发白，摸上去湿一些。（　）

32. 汽车地板的主要制作材料多为合成革或羊毛。（　）

33. 交通信息台目前已成为深受广大驾驶员喜爱的行车顾问和向导。（　）

34. 汽车激光唱机又称 CD 唱机。（　）

35. 汽车视听装置具有体积小、使用环境恶劣、采用低直流电压供电、抗干扰能力强等特点。（　）

36. 一般来说，汽车在 220 V 电压状态下所测得的 100 W 功率值更为接近真实情况。（　）

37. 在选购音响系统时，通常遵循大功率输出原则。（　）

38. GPS 系统全称为“全球网络系统”。（　）

39. 汽车超速报警装置属于汽车安全保护装置。（　）

40. 气囊打开与否仅与汽车撞击时的速度有关。（　）

41. 车内饰品按照功能可分为观赏类饰品和挂饰类饰品两种。（　）

42. 车内饰品按照与车体连接形式可分为挂饰、贴饰和实用装饰三种。（　）

43. 车内饰品应安装、摆放稳固，切不可随意放置。（　）

44. 贴饰能粘贴在前风挡玻璃上，不会影响驾驶员视线。（　）

45. 发生意外时，汽车防爆隔热膜可以防止玻璃爆裂飞散。（　）

46. 防爆隔热膜不具有防紫外线的功能。（　）

47. 采用纯溅射金属着色的方法使汽车防爆膜具有的金属色称为自然色。（　）

48. 优质高档的防爆隔热膜表面都有防划伤层。（　）

49. 汽车轮胎一般由橡胶、钢丝、尼龙丝、聚酯纤维、炭黑及橡胶添加剂等组成。（　）

50. 汽车轮胎按花纹的不同，可分为普通花纹轮胎、越野花纹轮胎和混合花纹轮胎。（　）

51. 轮胎的断面高度与断面宽度的比值是代表轮胎结构特征的重要参数，称为轮胎的扁平率。（　）

52. 当轮胎侧面的标志为 185/R14 时，其中 185 是指速度等级。（　）

53. 子午线轮胎不易穿刺，不易爆胎。（ ）

54. 无内胎轮胎具有气密性好、散热好、结构简单、质量小等优点。（ ）

55. 无内胎轮胎与一般轮胎的不同之处在于没有内胎，空气直接压入外胎中，因此轮胎与轮辋间需有很好的密封。（ ）

56. 胎冠锯齿状磨损是由于轮胎长期缺气行驶而引起的。（ ）

57. 前风挡玻璃可以使用钢化玻璃。（ ）

58. 汽车安全玻璃分为钢化玻璃和夹层玻璃两种。（ ）

59. 汽车前风挡玻璃及驾驶员视线范围内的其他玻璃，透射比应不低于 70%。（ ）

60. 汽车安全玻璃应具有透射比高、副像偏离小、光畸变低及抗冲击性能弱的特性。（ ）

61. 玻璃升降器在最大载荷工作条件下，摇手柄的力矩不得大于 5 N·m。（ ）

62. 操作方便、结构可靠、耐用是玻璃升降器的特征。（ ）

63. 密封条用来保持车门、车窗玻璃等可动部分，以及前窗、后窗、三角窗等不动部分的密封。（ ）

64. 高级汽车的外后视镜多用蓝镜，这种发蓝镀膜一般采用氧化铝等物质制成。（ ）

65. 内后视镜用于观察汽车内部情况或透过后窗观看车厢和后面道路。（ ）

66. 汽车灯光信号是一种世界语言，通常有黄、红两种颜色。（ ）

67. 汽车上的白色灯通常表示警示与照明之意。（ ）

68. 汽车牌照灯应保证夜间在车后 20 m 处能看清牌照号码。（ ）

69. 一般汽车转向信号灯分装在车身前端和后端的左右两侧。（ ）

70. 轿车的喇叭为电喇叭。（ ）

71. 前大灯镜头的裂纹不会影响灯泡的使用寿命。（ ）

72. 当卤素灯色温降到 2 000 K 时，应更换车灯。（ ）

73. 雨刮器根据安装方式可分为钩式、插式和粘贴式三种。（ ）

74. 打蜡时风挡玻璃上的残蜡不必彻底清除，以起到保护作用。（ ）

75. 轿车天窗的换气原理与侧窗的换气原理基本相同。（ ）

76. 轿车天窗的装饰功能大于其实用功能。（ ）

二、单项选择题（选择一个正确的答案，将相应的字母填入题内的括号中）

1. 汽车涂层的厚度一般控制在（　　）μm左右。

A. 30　　B. 100　　C. 180　　D. 50

2. 轿车车身涂层由（　　）、中间涂层和面漆层组成。

A. 防锈层　　B. 表面涂层　　C. 底漆层　　D. 防护膜

3. 汽车油漆具有（　　）、装饰作用、特殊作用和标志作用。

A. 警示作用　　B. 美化作用　　C. 保护作用　　D. 防腐作用

4. 汽车油漆一般由成膜物质、颜料、添加剂和（　　）等四种基本成分组成。

A. 溶剂　　B. 快干剂　　C. 固化剂　　D. 催化剂

5. （　　）是油漆的主体部分，是决定涂料类型的物质。

A. 成膜物质　　B. 颜料　　C. 溶剂　　D. 固化剂

6. 常温空气干燥型涂料的干燥机理是在常温空气下，依靠自身的（　　）和聚合反应而形成坚硬的涂膜。

A. 氧化　　B. 还原　　C. 固化　　D. 挥发

7. 腻子的主要成分是填充料，占总重的（　　）。

A. 60%～70%　　B. 70%～80%　　C. 80%～90%　　D. 50%左右

8. 为使腻子在施工中易于识别，在腻子中加入极少量的颜料，使其呈（　　）。

A. 黄色　　B. 浅灰色或棕红色

C. 红色　　D. 白色

9. 中涂层应具有良好的（　　），能封闭底漆层上的小缺陷。

A. 填平性　　B. 热塑性　　C. 热固性　　D. 还原性

10. （　　）是选择面漆时的一项重要指标。

A. 耐候性　　B. 色彩性　　C. 耐潮湿性　　D. 光泽性

11. 有些油漆被称为“金属漆”，这是由于在这种漆里掺配了（　　）。

A. 碎云母片　　B. 高分子材料　　C. 闪光颜料　　D. 金属粉末

12. 目前（　　）漆暂时还不能用金属漆，其主要原因是会产生偏色。

A. 白色　　B. 绿色　　C. 蓝色　　D. 红色

13. 传统工艺生产的油漆成分中有害程度较小的是（ ）。

A. 碳氢化合物　B. 乙醚　C. 苯　D. 甲醇

14. 传统工艺生产的油漆成分中有害程度最大的是（ ）。

A. 环己醇　B. 甲苯　C. 二甲苯　D. 碳氢化合物

15. 同样距离的四辆汽车，看起来（ ）车要离我们近一些。

A. 红色　B. 蓝色　C. 绿色　D. 银灰色

16. 对油漆表面的浅划痕，在汽车美容作业中一般采用（ ）的方法加以处理。

A. 打蜡　B. 抛光研磨　C. 局部喷涂　D. 修补笔修补

17. 当汽车漆面出现划痕、破损及严重腐蚀失光等现象时，可采用（ ）的方法来恢复汽车漆面的光彩。

A. 打蜡　B. 抛光研磨　C. 喷涂工艺　D. 修补笔修补

18. 漆面无明显划痕，用放大镜观察漆面斑点较小，这类失光大多是（ ）所致。

A. 透镜效应　B. 洗车不当　C. 氧化还原反应　D. 蚀痕损伤

19. 水痕纹一般呈环状，这是由于（ ）所留下的痕迹。

A. 水滴蒸发　B. 鸟粪腐蚀　C. 车身静电　D. 使用劣质车蜡

20. 马海毛是由（ ）材料制成的。

A. 毛麻混纺　B. 棉麻混纺　C. 纯羊毛　D. 化纤

21. 猪皮毛孔粗大，一个毛孔 3～4 根毛，呈（ ）排列，毛孔相距较远。

A. 波浪形　B. 圆形　C. 三角形　D. 山脉形状

22. （ ）毛孔粗大，呈三角形排列，毛孔相距较远。

A. 猪皮　B. 水牛皮　C. 黄牛皮　D. 山羊皮

23. 热固型塑料的固化剂和（ ）混合后会形成新的产品。

A. 树脂　B. 催化剂　C. 颜料　D. 填料

24. 车内篷壁颜色配置不当，将会影响驾驶员的生理和心理，如（ ）会使人感到困倦。

A. 绿色　B. 红色　C. 深咖啡色　D. 乳白色

25. 机油低压报警装置的作用是：当发动机润滑系主油道中的机油压力（ ）时，会对驾驶员发出警报信号。

A. 高于正常值　B. 高于最低值　C. 低于正常值　D. 等于正常值

26. 汽车座椅的结构和尺寸主要是从满足乘坐时的（　　）角度考虑的。

A. 舒适性　B. 安全性　C. 美观性　D. 保健性

27. 汽车坐垫按照材质可分为纯毛坐垫、混纺坐垫和（　　）。

A. 全棉坐垫　B. 防汗坐垫　C. 保健坐垫　D. 帘式坐垫

28. 汽车枕垫包括头枕、颈枕、肩枕、（　　）等。

A. 腰枕　B. 脚枕　C. 背枕　D. 腿枕

29. 按压座椅表面，若（　　），那么这就是真皮座椅。

A. 有许多细微的线条伸展开去　B. 有少数皱褶

C. 基本平整　D. 有许多同心圆

30. 汽车内饰用的仿桃木材料是一种（　　）。

A. 杂木制品　B. 皮革制品　C. 塑料制品　D. 金属制品

31. 汽车地毯的衬垫主要有黄麻纤维毡、泡沫塑料和（　　）等三种。

A. 杂木制品　B. 皮革制品　C. 塑料制品　D. 再生材料

32. 汽车视听装置无法实现的作用是（　　）。

A. 减轻驾驶途中的疲劳　B. 抗干扰

C. 提供交通信息　D. 减少停车等待时的寂寞

33. 交通信息台除了提供交通信息外，还能（　　）。

A. 接受驾驶员的信息咨询和投诉　B. 点歌

C. 发布娱乐新闻　D. 叫车

34. 一般专业人士所称的"主机"是指汽车视听装置的（　　）。

A. 音（像）信号的源头　B. 频率均衡系统

C. 功放系统　D. 显示屏

35. 一般情况下，功放的输出功率应（　　）扬声器的指示功率。

A. 大于　B. 小于　C. 等于　D. 不考虑

36. 一般要在汽车音响元器件表面喷涂（　　）来预防潮湿、保护线路，以使汽车音响在不同环境下都能正常工作。

A. 防锈剂　　B. 润滑剂　　C. 增光剂　　D. 防潮剂

37. 在高档音响中装有专门用于（　）的集成电路和组件，用于降低外来噪声的干扰。

A. 调频　　B. 抗干扰　　C. 播放 DVD　　D. 抗震

38. 在输出功率相同的情况下，汽车功放系统的电流与家用功放相比（　）。

A. 稍小　　B. 大很多　　C. 差不多　　D. 小得多

39. 一般原配电子防盗器均采用（　）防盗器。

A. 机械式　　B. 扫描式　　C. 芯片式数码　　D. 集成电路式

40. 汽车方向盘锁属于（　）汽车防盗装置。

A. 机械式　　B. 电子式　　C. 网络式　　D. 液压式

41. 现代汽车上安装的安全报警装置有超速报警装置、超车自动报警装置、（　）、多功能安全显示器等。

A. 倒车报警装置　　B. 蜂鸣器

C. 低速报警装置　　D. ABS

42. 倒车测距报警装置在驾驶员倒车至极限安全距离，即距障碍物（　）m时，能发出警告声提醒驾驶员注意制动。

A. 0.3　　B. 0.4　　C. 0.5　　D. 0.6

43. 汽车安全带的织带必须有足够的（　）和一定的伸长量。

A. 抗断裂强度　　B. 长度　　C. 高度　　D. 跨度

44. 为避免因安全气囊使用不当而造成伤害，（　）最好能坐在后排。

A. 小孩　　B. 妇女　　C. 老人　　D. 病人

45. 车内饰品的选用原则为：美观原则、协调原则和（　）。

A. 经济原则　　B. 实用原则　　C. 安全原则　　D. 牢固原则

46. 汽车仪表台上能放置的实用类物品是（　）。

A. 变速杆套　　B. 汽车钟

C. 饮料食物便利袋　　D. 收纳便利袋

47. 下列选项中，（　　）不属于防爆隔热膜的功能。

A. 加热　　B. 改变色调　　C. 提高防爆性能　　D. 抵御紫外线

48. 优质防爆膜的隔热率一般为（　　）。

A. 50%左右　　B. 60%左右　　C. 70%以上　　D. 40%左右

49. 轮胎按胎体结构不同，可分为斜交轮胎、子午线轮胎和（　　）。

A. 高压轮胎　　B. 人造丝帘线轮胎

C. 带束斜交轮胎　　D. 低压轮胎

50. 当轮胎侧面的标志为185/R14时，其中14是指（　　）。

A. 轮胎直径　　B. 轮辋直径　　C. 胎面宽度　　D. 速度等级

51. 子午线轮胎具有（　　）、滚动阻力小、承载能力大、附着性能好、减震性能好、胎温低等特点。

A. 易产生裂口　　B. 使用寿命长　　C. 结构简单　　D. 胎面花纹少

52. 子午线轮胎与斜交轮胎相比，其节油率可达（　　），并且车速越高，节油效果越好。

A. 6%～8%　　B. 50%　　C. 14%　　D. 10%

53. 无内胎轮胎行驶的温度比普通轮胎约低（　　）。

A. 5%～10%　　B. 10%～15%　　C. 15%～20%　　D. 20%～25%

54. 轮胎胎冠中央磨损是由于（　　）所致。

A. 胎压过高　　B. 胎压过低

C. 车轮定位不准　　D. 长期不进行轮胎换位

55. 轮胎胎冠两肩磨损是由于（　　）所致。

A. 胎压过高　　B. 胎压过低

C. 车轮定位不准　　D. 长期不进行轮胎换位

56. 在技术上对钢化玻璃碎片的要求是（　　）。

A. 略大一些　　B. 略小一些　　C. 有一定规格　　D. 无一定规格

57. 汽车前风挡玻璃及驾驶员视线范围内的其他玻璃，透射比应不低于（　　）。

A. 40%　　B. 50%　　C. 60%　　D. 70%

58. 玻璃升降器在最大载荷工作条件下，摇手柄的力矩应为（　　）N·m。

A. ≤2　B. 2～4　C. 4～6　D. 6～8

59. 保持车窗（门）与玻璃的密封，可以起到防风雨、防尘、（　　）、隔音的作用。

A. 隔热　B. 使用寿命长　C. 结构简单　D. 操作方便

60. 汽车玻璃密封条的材质应具有良好的耐候性、（　　）、耐磨性、吸水率低等性能。

A. 污染性　B. 非污染性　C. 结构简单　D. 操作方便

61. 汽车的广角室外后视镜多采用（　　）。

A. 平面镜　B. 凹面镜　C. 球面镜　D. 反光镜

62. 汽车上的红色灯通常表示（　　）之意。

A. 紧急或危险　B. 警示　C. 照明　D. 警示与照明

63. 汽车前大灯的远光应保证能使车前（　　）m 或更远的路面得到明亮而均匀的照明。

A. 200　B. 30　C. 50　D. 100

64. 汽车灯具按用途可分为雾灯、刹车灯、转向灯、（　　）等。

A. 倒车灯　B. 钠灯　C. 氙气灯　D. 汞灯

65. 汽车闪烁式转向信号灯与前小灯合成一体时，一般采用（　　）灯泡。

A. 双丝　B. 单丝　C. 氙气灯　D. 石英灯

66. 一般国产卤素灯出厂时的色温约为（　　）K。

A. 2 500　B. 3 000　C. 3 500　D. 2 000

67. 一般来说，轿车的雨刮片尺寸在（　　）in 之间。

A. 12～16　B. 16～21　C. 21～24　D. 8～12

68. 天窗的驱动机构主要由电动机、传动齿轮、（　　）等组成。

A. 滑动线缆　B. 电子芯片　C. 橡胶密封条　D. 导向槽

车辆清洗

一、判断题（将判断结果填入括号中。正确的填“√”，错误的填“×”）

1. 在相对湿度较高的地区（如沿海地区），腐蚀会加快。（　　）

2. 在潮湿的天气里，空气中细小的尘粒会加速凝聚。（　）

3. 汽车在海岸边行驶后，应及时对车辆进行清洗。（　）

4. 汽车清洗就是为了使汽车清洁亮丽、光亮如新。（　）

5. 自来水或符合标准的循环水都可以用来清洗汽车。（　）

6. 水基清洗剂去除物体表面污渍的过程为：润湿→吸附→悬浮→脱落。（　）

7. 汽车清洗中，如果能用强力型的产品就不用柔和型的。（　）

8. 初学者在使用专用设备清洗汽车时，如果能用高速的就不用低速的。（　）

9. 汽车车身上硬物附着物可能是水泥、装修材料和沥青等。（　）

10. 汽车清洗前对污渍的检查不只是为了明确要采用的清洗工艺。（　）

11. 手工水冲淋清洗在浸润工序中水枪应调节成柱状水流。（　）

12. 如高压水枪调压不便，可通过调节水枪与目的物之间的距离来控制水压。（　）

13. 车辆擦干时，要用洗净拧干的小毛巾对折平铺裹紧整个右手手掌，再用左手抓紧毛巾四边，同时将左手压在右手手背上进行操作。（　）

14. 擦洗防擦条以下部分的毛巾不能与擦洗车体的是同一块。（　）

15. 擦拭玻璃时，不可使用已擦洗过油漆表面的车巾或麂皮。（　）

16. 雪天擦洗车窗时，去除玻璃上的雪和冰后，才可进行擦拭。（　）

17. 融雪剂或防冻剂中一般均含有盐分，会对轮胎和汽车漆面造成一定的损害。（　）

18. 洗车一定要用活水（即流动或经过处理的循环水）。（　）

19. 在烈日下洗车，会产生透镜效应。（　）

20. 日晒雨淋会导致车辆表面产生强烈的静电层。（　）

21. 静电对灰尘和油污都具有很强的吸附作用。（　）

22. 汽车的交通膜用一般清洗剂就能将其彻底清除。（　）

23. 除蜡清洗剂与新车开蜡清洗剂基本相同，可相互替代使用。（　）

24. 除蜡清洗剂既不含蜡也不含任何增光剂成分。（　）

25. 开蜡就是除去新车下线时在车身上所涂装的一层特殊保护蜡。（　）

26. 由于封漆蜡所含油脂成分较多，尘埃特别容易黏附于车身表面。（　）

27. 无水洗车，顾名思义就是不以水为清洗介质而对车辆进行保洁。（　）

28. 化学清洗就是采用化学药品来去除附着在汽车漆面上的污渍。（ ）

29. 蒸汽洗车具体操作方法与手工水冲淋洗车有很大的区别。（ ）

30. 蒸汽清洗装置的效率取决于液流的能量、温度和洗涤剂的活性。（ ）

31. 汽水混合洗车就是利用均匀的雾状喷流结合清水或特制的洗车液，从而达到清洗车辆的目的。（ ）

32. 全自动洗车时，车辆进入洗车房后不能将引擎熄灭。（ ）

33. 因为是全自动洗车，所以开始洗车后操作人员可以离开工作现场。（ ）

34. 使用全自动洗车机前，首先要清理机器四周场地上的杂物。（ ）

35. 仪表台清洁剂一般不可喷涂在转向盘、座椅支撑处等部位。（ ）

36. 润滑油不属于油脂性污渍。（ ）

37. 采用拍打等纯物理方法，不能清除汽车内室纤维制品上的污渍。（ ）

38. 内室清洗的护理对象主要是车内篷壁、地板、木质装饰、座椅垫、倒车镜、安全带、车内空调出风口等部位。（ ）

39. 清洁内室前如发现车内有贵重物品应小心地代顾客保管好。（ ）

40. 内室清洁操作时要遵循“自下而上、自前而后”的原则。（ ）

41. 车内顶篷的污渍大多为吸附的烟雾、粉尘及人体头部油脂等。（ ）

42. 清洁顶篷时，可从中心逐渐向污渍边缘擦拭。（ ）

43. 后风挡玻璃内侧有除霜栅格，应使用风挡玻璃抛光剂进行处理。（ ）

44. 贴有防爆膜的玻璃，有膜的一面不能使用玻璃抛光剂进行处理。（ ）

45. 清洁汽车排挡区时应留意清除挡头和驻车制动杆上的人体油脂类污渍。（ ）

46. 清洁汽车仪表台时，可以触动和变化上面的开关及手柄。（ ）

47. 清洗地毯时，应放入水中浸泡后再进行刷洗。（ ）

48. 安全带清洗完毕，必须立即将其卷起。（ ）

49. 清洁纤维织物，首先应恢复其本来面貌。（ ）

50. 纤维材料上的污渍较重时，可用漂白粉予以去除。（ ）

51. 最好使用烘烤等方法来加快制品的干燥速度。（ ）

52. 真皮不能用水清洗，但人造革可以用水清洗。（ ）

53. 对时间较长的血迹可先用抹布蘸氨水轻轻擦拭。　（　）

54. 血迹污点可以用肥皂水清洗。　（　）

55. 不同清洁用品随意混合后，可能会释放有毒气体或产生有害物质。　（　）

56. 皮革制品最常见的损坏就是老化、龟裂和退色。　（　）

57. 在皮革制品上光护理前，应先使用吸尘器吸去制品上的浮灰。　（　）

58. 在对车内玻璃制品进行护理时，可选择专用的玻璃护理液。　（　）

59. 汽车内室护理喷蜡时不要污染激光头。　（　）

60. 驾驶员把防盗锁和电筒等杂物放在驾驶员座椅边或座椅底下是个好习惯。　（　）

61. 臭氧消毒的最大缺点是容易造成二次污染。　（　）

62. 新车内装饰材料中所含的有毒气体是最大的污染源。　（　）

63. 香水的位置安放不当，可能会给车辆驾驶造成不安全因素。　（　）

64. 一些劣质汽车香水多含有大量乙醇，用久了会影响人的视力。　（　）

65. 在冬夏季节，如果车内经常开空调，应选择具有较弱挥发性的车用香品。　（　）

二、单项选择题（选择一个正确的答案，将相应的字母填入题内的括号中）

1. 润滑材料的残留物、碳化沉积物、（　）和老化涂层的残留物等往往具有很高的附着力。

A. 泥土　B. 锈蚀物　C. 沙粒　D. 灰尘

2. 下列选项中，（　）不属于需及时清洗汽车的情况。

A. 停放在工地被水泥溅及

B. 行驶途中被粉刷路灯的油漆所波及

C. 行驶途中被道路维修工程的柏油所波及

D. 连续雨天

3. 采用高压水清洗汽车，对车身危害最大的是水中的（　）。

A. 固体悬浮物　B. 浊度　C. 色度　D. 细菌

4. 清洗车辆时，必须遵循“取稳避难、取轻避重、取专业避零售和（　）”等原则。

A. 取精细避粗糙　B. 取简避繁

C. 取近避远　D. 取经济避奢侈

5. 对顾客要求打蜡的汽车，应（　　）。

A. 脱蜡清洗　　B. 不脱蜡清洗

C. 用水管边冲水边擦洗　　D. 用水管冲洗

6. 清洗一辆较脏的汽车时，开始水枪压力最好控制在（　　）MPa。

A. 0.2～0.4　　B. 0.4～0.6　　C. 0.6～0.7　　D. 0.7～0.8

7. 为了减少炫目，在车外后视镜上常涂有一层特殊的（　　），洗车时不能损坏它。

A. 蜡　　B. 玻璃水　　C. 光洁剂　　D. 薄膜

8. 使用塑料片去除车窗上的冰雪时，应慢慢（　　）。

A. 呈圆弧形推动　　B. 上下来回刮动

C. 顺着同一方向推动　　D. 左右来回刮动

9. 对车辆轮胎的清洗应使用（　　）。

A. 硬刷子　　B. 软刷子　　C. 海绵　　D. 软刷子或海绵

10. 发动机去油剂均匀地喷涂到温热的发动机表面后，需静置（　　）min 后再用 40℃温水冲洗。

A. 3　　B. 20　　C. 4　　D. 5～10

11. 一般车漆对酸碱性的耐受范围在 pH 值（　　）之间。

A. 5～7　　B. 6～9　　C. 9～11　　D. 3～5

12. 在静电层上打蜡会使车蜡的附着力（　　）。

A. 增强　　B. 减弱　　C. 变化不大　　D. 丧失

13. 交通膜是由于（　　）作用而在车辆表面形成的一层坚硬且灰蒙蒙的薄膜。

A. 氧化　　B. 静电的吸附　　C. 油污的凝结　　D. 污渍的化合

14.（　　）是由于静电的吸附作用而在车辆表面形成的一层坚硬且灰蒙蒙的薄膜。

A. 氧化膜　　B. 静电膜　　C. 交通膜　　D. 车蜡

15. 除蜡清洗剂稀释后喷涂于汽车表面，停留（　　）min 后再清洗。

A. 1　　B. 2　　C. 3～5　　D. 6

16. 汽车封漆蜡属于一种（　　）。

A. 低档蜡　　B. 砂蜡　　C. 增艳蜡　　D. 水蜡

17. 无水洗车的原理是采用（　　）擦除附着于汽车漆面上的泥沙、油污等。

A. 蒸汽　　B. 擦拭　　C. 化学药品　　D. 压缩空气

18. 蒸汽清洗装置的效率取决于液流的能量、（　　）和洗涤剂的活性。

A. 压力　　B. 速度　　C. 温度　　D. 功率

19. 汽水混合洗车时，水的雾化过程大致可分为（　　）个阶段。

A. 3　　B. 4　　C. 5　　D. 2

20. 汽水混合洗车设备是利用高压高速的压缩空气在喷射时所产生的（　　），吸入水进行混合，从而形成雾状射流。

A. 负压　　B. 压强　　C. 压力　　D. 压缩力

21. 轿车进入全自动洗车房时，发动机（　　），挂挡置于停车挡并提驻车制动杆。

A. 点火　　B. 熄火　　C. 怠速　　D. 急停

22. 全自动洗车时应折回后视镜，如后视镜松动，则（　　）。

A. 拆下单独清洗　　B. 无所谓

C. 用铁丝固定　　D. 用胶带固定

23. 全自动洗车机若遇故障或其他紧急情况，应迅速按下（　　）键。

A. 复位　　B. 启动　　C. 反向　　D. 急停

24. （　　）属于非水溶性污渍。

A. 血液　　B. 盐　　C. 铁锈　　D. 有机酸

25. 适当采用拍打、刷洗、挤压等纯物理方法，有助于去除汽车内室化纤和皮革制品上的（　　）。

A. 附着得不太牢固的污渍　　B. 油渍

C. 饮料渍　　D. 果渍

26. 内室清洁操作时要遵循“（　　）”的原则。

A. 自下而上、自前而后　　B. 自上而下、自前而后

C. 自上而下、自后而前　　D. 自下而上、自后而前

27. 清除汽车内室绒布顶篷的污渍时，应（　　）。

A. 从污渍中心逐渐向边缘擦拭　　B. 从污渍边缘逐渐向中心擦拭

C. 以直线形式顺着同一方向擦拭　　D. 以直线形式来回擦拭

28. 汽车玻璃不允许使用（　）进行擦拭。

A. 无纺布　B. 麂皮　C. 车巾　D. 百洁布

29. 一般用（　）去除置物箱及汽车收音机周边的污渍，并擦拭干净。

A. 无纺布　B. 棉签　C. 吸尘器　D. 百洁布

30. 汽车脚垫材料总体来说可分为两大类，一类为纤维制成品，另一类为（　）。

A. 有机物制成品　B. 羊毛制成品

C. 化纤制成品　D. 棉麻混纺制成品

31. 清洁纤维制品的主要目的就是要保持或恢复纤维性材料本身的（　）。

A. 实用性　B. 美观性　C. 柔顺性　D. 透气性

32. 真皮制品（　）用水清洗。

A. 可以　B. 不能

C. 如果附着油性污渍可以　D. 如果附着水性污渍可以

33. 清除口香糖残渣时，先用（　）使口香糖硬化，然后用刀片轻轻刮除。

A. 丙酮　B. 乙醚　C. 冰块　D. 烘烤

34. 不能在车内材料上使用的物质是（　）。

A. 多功能清洁柔顺剂　B. 气雾型清洁剂

C. 真皮保护剂　D. 汽油

35. 对于首次使用的清洁剂，应先在待清洗部件的（　）进行测试。

A. 不显眼处大面积　B. 显眼处小面积

C. 不显眼处小面积　D. 显眼处大面积

36. 人造革是由（　）和一些添加剂混合，经机械化学处理复合后制成的产品。

A. 天然皮革的碎片　B. 聚丙烯

C. 聚氨酯　D. 聚氯乙烯

37. 护理汽车仪表台时，为了防止因光的（　）而对驾驶员产生干扰，应使用不会发出耀眼亮光的增亮剂。

A. 折射　B. 反射　C. 漫反射　D. 衍射

38. 镀铬件的翻新作业按零件的镀层状况可分为（ ）和维护翻新。

A. 上光保护翻新　　B. 失光翻新

C. 镀铬翻新　　D. 去污翻新

39. 汽车内室中不能对（ ）进行喷蜡操作。

A. 空调风口　　B. 组合仪表　　C. 手套箱　　D. CD机

40. 内装饰材料中含有的（ ）是新车内室最大的污染源。

A. 丙醇、甲醛、丙酮、二甲苯等物质

B. 苯、丙醇、丙酮、二甲苯等物质

C. 苯、甲醛、丙酮、丙醇等物质

D. 苯、甲醛、丙酮、二甲苯等物质

41. （ ）具有一定的腐蚀性和漂白性。

A. 来苏水　　B. 臭氧　　C. 过氧乙酸　　D. 淡肥皂水

42. 除了能清除车内异味外，（ ）车用香品还能起到杀灭细菌的作用。

A. 所有　　B. 部分优质　　C. 没有一种　　D. 绝大部分

43. 常用的车用香品按使用方式来划分，主要有喷雾式、泼洒式和（ ）等。

A. 陶瓷式　　B. 溶剂式　　C. 自然挥发式　　D. 颗粒式

车辆美容

一、判断题（将判断结果填入括号中。正确的填"√"，错误的填"×"）

1. 汽车打蜡的主要目的是保持车身漆面亮丽整洁，保护漆面。（ ）
2. 早期的车蜡既能美化车身，又能起到保护作用。（ ）
3. 新车或新喷涂车辆可以选用研磨蜡。（ ）
4. 风干漆与烤漆都可用同一种抛光蜡进行抛光处理。（ ）
5. 汽车打上普通车蜡后，仍会产生透镜效应。（ ）
6. 高档车蜡是由蜡、硅、油脂等成分混合而成，属于油性物质。（ ）
7. 当用手掌触摸车身感觉不光滑时，就需进行打蜡。（ ）

8. 一般打蜡无所谓多长时间，只要车主有空就可以打蜡。（　）

9. 上蜡操作时每道涂抹应与上道涂抹区域有 1/5～1/4 的重合度，以防漏涂，且保证均匀涂抹。（　）

10. 汽车打蜡前不需要对车辆漆面进行彻底清洗。（　）

11. 上蜡后未及时抛光的车辆绝不允许上路行驶。（　）

12. 打蜡时若海绵上出现与车漆相同的颜色，则可能是车身漆面已经破损，应立即停止打蜡，先进行修补处理。（　）

13. 封釉美容必须在室内进行，以防沙粒粘在漆面上而造成浅划痕。（　）

14. 封釉的工序与镀膜没有区别。（　）

15. 车身封釉后为了消除漆面的漫反射现象，还需要对漆面进行一次全面的抛光处理。（　）

16. 漆面抛光剂是比研磨剂颗粒更粗的一种新型研磨材料。（　）

17. 汽车底盘隔音防锈剂也可用在汽车转向轴等任何可转动的部位。（　）

18. 浮岩颗粒制成的研磨剂在一定的热量下可通过化学反应变小或消失。（　）

19. 微晶物和合成磨料的特点是坚硬、研磨速度快并会在研磨中产生质变。（　）

20. 漆膜鉴定中的溶剂法是：取白碎布蘸满喷漆用的稀释剂后擦拭漆膜，检视布团是否沾上溶解后的颜色来进行判断。（　）

21. 加热法是用 1000～1500 号的砂纸将旧漆膜抛光，去除漆面光泽，再加热到 100℃以上，观察漆膜是否会软化（呈现光泽）来进行判断。（　）

22. 对于漆面上沙石冲击后留下的划痕，要用 P1000 水砂纸蘸水包上小块海绵衬块，对其轻轻打磨至平整。（　）

23. 对金属漆而言，应选用微切型研磨剂。（　）

24. 漆面抛光是靠抛光剂与车漆产生化学反应而使车漆显示出本身的光泽。（　）

25. 漆面抛光不能去除车身上的飞漆、氧化层、太阳纹等小疵点。（　）

26. 抛光剂实质上是一种含颗粒更细的摩擦材料的研磨剂。（　）

27. 对一些极轻微的漆面损伤，可使用含抛光剂的蜡来取代微抛。（　）

28. 增光剂因加入蜡或上光材料，故在抛光功效上比纯抛光剂要强些。（　）

29. 还原剂可进一步巩固漆面研磨抛光后所取得的成效。 ( )

30. 当我们通过汽车漆面看到自己的影像模糊一片，只能分辨出一个大概的轮廓时，则说明车身漆面需要抛光。 ( )

31. 触觉分辨法就是在手指上缠绕光滑的玻璃纸后在漆面上轻轻滑过，若手指有明显的凹凸感，则说明漆面粗糙需要抛光。 ( )

32. 羊毛盘常使用于精细抛光的操作场合。 ( )

33. 一般抛光时应优先选用轻度抛光剂。 ( )

34. 抛光作业中真正发挥功效的是抛光盘外圆半径一半以内的中心部分。 ( )

35. 抛光作业应先从汽车的发动机罩开始。 ( )

36. 研磨抛光作业完毕后不必清除留下的残渣，可直接进行精细抛光。 ( )

37. 抛光作业前应对车身装饰胶条、雨刮器喷水嘴等物件进行遮蔽。 ( )

38. 底漆常用于防锈、提高漆层之间黏合力及降低漆膜的厚度。 ( )

39. 汽车漆面修补材料主要有腻子和底漆两大类。 ( )

40. 汽车原厂漆是与汽车出厂时所用的颜色相同的油漆。 ( )

41. 汽车制造厂使用的油漆一般为低温烘漆。 ( )

42. 油漆的色母就是油漆的基本色素。 ( )

43. 当漆面划痕伤及金属基材时，如不及时进行处理，会影响汽车钣金的使用寿命。 ( )

44. 汽车漆面处理除了能使汽车保持使用价值外，还能美化环境。 ( )

45. 处理深划痕的工艺虽名称各不相同，但实质上仍是采用抛光操作。 ( )

46. 对于漆面上出现的轻微划痕，一般采用研磨抛光的方法去除。 ( )

47. 未伤及色漆本色的划痕可称为轻度划痕。 ( )

48. 漆面抛光后，如用红外线烤灯对漆面微微烘烤后再抛光一次，效果更佳。 ( )

49. 一般汽车漆面护理要做到与原表面完全一致是很容易的。 ( )

50. 处理漆面深度划痕时，在打磨中应注意不要触及损伤部位的边缘。 ( )

51. 若打磨后的表面尚有磨料颗粒存在，则涂装后会使涂层起皱。 ( )

52. 当漆面氧化层较厚，出现局部腐蚀，无法抛光还原时应送修理厂处理。 ( )

53. 当漆面出现较大面积的深度划痕时应送修理厂处理。（　）

54. 附着在车身上的沥青颗粒不仅影响汽车的美观，而且还会对漆面造成损伤。（　）

55. 将附着沥青的汽车表面擦拭干净后，要立即用清水对该处进行清洗并擦拭干净。（　）

56. 天天都在使用的车辆至少每个星期洗刷一次轮辋。（　）

57. 轮胎失光可以通过清洗来加以解决。（　）

58. 标准的轮胎气压一般都标在油箱盖的内侧或引擎盖的内侧。（　）

59. 汽车轮胎的温度主要是由于摩擦而产生的。（　）

60. 在轮辋边缘看到的小铅块的主要作用是调节轮胎的平衡。（　）

61. 轮胎的前后换位法就是将前后对角线上的轮胎加以调换。（　）

62. 同一辆车不能混装两种不同规格的轮胎。（　）

63. 实验表明，轮胎超载 10％～12％，轮胎的行驶里程就会下降 10％，因此要避免超载。（　）

64. 冬季需要对玻璃进行防冻、防雾养护。（　）

65. 冬天行车时风挡玻璃上积有冰雪，可选用玻璃防雾剂进行除冰雪处理。（　）

66. 修复汽车风挡玻璃漏水时最好用腻子或原子灰等来填充空隙。（　）

67. 造成汽车风挡玻璃渗水的主要原因是胶垫老化或更换时没有完全清除接合处的污物、碎玻璃等。（　）

68. 汽车玻璃修补工艺适用于修复所有受损的玻璃。（　）

69. 汽车玻璃修补是靠红外线加热使液态胶质迅速凝固。（　）

70. 更换汽车信号灯的灯泡时一定要把插座上的“O”形橡胶环装上。（　）

71. 一般情况下，汽车前大灯的功率越大越好。（　）

72. 接触汽车灯泡时，不能直接用手触摸灯泡。（　）

二、单项选择题（选择一个正确的答案，将相应的字母填入题内的括号中）

1. 现在的车蜡不仅有上光作用，还具有抗腐蚀、抗氧化、（　）等综合效果。

A. 防滑　　B. 润滑　　C. 去划痕　　D. 清洁

2. 选用车蜡的原则是：根据车蜡作用、漆面质量及颜色、漆面的新旧程度、（　）、车辆行驶的环境及操作方法来选用。

A. 季节 B. 车型 C. 部位 D. 车身壳体结构

3. 对于普通轿车，可选用珍珠色或（ ）系列涂料的车蜡。

A. 金属漆 B. 硝基磁漆 C. 风干漆 D. 高档进口

4. 抛光时一定要先用（ ），如颠倒使用，不但浪费抛光蜡，而且还达不到应有的抛光效果。

A. 粗抛蜡 B. 细抛蜡 C. 增光蜡 D. 镜面蜡

5. 在选择车蜡时，浅颜色的漆面应选用银色、白色或（ ）系列的车蜡。

A. 绿色 B. 珍珠色 C. 黑色 D. 红色

6. 高档车蜡含有活性很强的（ ），能使车蜡迅速渗透于漆层内。

A. 渗透剂 B. 氧化剂 C. 还原剂 D. 干燥剂

7. 当用手背触摸车身感觉不光滑时，就需进行（ ）。

A. 镀膜 B. 打蜡 C. 抛光 D. 封釉

8. 上蜡时要按（ ）方式进行涂抹。

A. 直线 B. 斜线 C. 画圈 D. 交叉

9. 车身被均匀涂抹蜡层后，要在蜡层（ ）进行擦拭。

A. 干透后 B. 刚涂好时

C. 半干不干时 D. 干透后再稍待片刻

10. 封釉美容的基本原理是：依靠振抛技术将釉剂反复深入地压进漆面纹理中，形成一层独特的（ ）。

A. 网状保护膜 B. 块状保护膜 C. 镀膜 D. 氧化层

11. 封釉美容的关键步骤是（ ）。

A. 深度清理 B. 振抛封釉 C. 无尘打磨 D. 中性清洗

12. 一次完整的封釉美容共有五道工序，依次是（ ）。

A. 中性清洗→黏土打磨→深度清理→振抛封釉→无尘打磨

B. 黏土打磨→中性清洗→深度清理→振抛封釉→无尘打磨

C. 黏土打磨→深度清理→中性清洗→振抛封釉→无尘打磨

D. 无尘打磨→中性清洗→黏土打磨→深度清理→振抛封釉

13. 汽车底盘隔音防锈剂是以（　　）为基本材料的一种防锈剂。

A. 塑料　　B. 油脂　　C. 橡胶　　D. 树脂

14. 研磨剂根据研磨材料的（　　），可分为深切、中切和微切三类。

A. 材质不同　　B. 溶剂不同　　C. 颗粒大小　　D. 比重不同

15. 旧漆膜的辨别方法包括溶剂法、（　　）、漆膜硬度法、硝化棉检定液法。

A. 加热法　　B. 冷却法　　C. 抛光识别法　　D. 推压漆面法

16. 对金属漆而言，应选用（　　）研磨剂。

A. 粗切型　　B. 中切型　　C. 微切型　　D. 细切型

17. 漆面抛光是靠（　　）与车漆产生化学反应而使车漆显示出本身的光泽。

A. 抛光剂　　B. 研磨剂　　C. 还原剂　　D. 增光剂

18. 靠研磨和摩擦材料的力量，把细微划痕去掉后产生的光亮来自于（　　）。

A. 车漆　　B. 车蜡　　C. 抛光剂　　D. 研磨剂

19. 在国外，汽车拍卖行很喜欢用（　　）来缩短每台车的抛光时间。

A. 抛光剂　　B. 研磨剂　　C. 还原剂　　D. 增光剂

20. 距离较远时感觉车身很亮，而走近一看却差别明显，说明车身漆面（　　）。

A. 有亮度但缺乏深度　　B. 有深度但缺乏亮度

C. 既无亮度又无深度　　D. 已经受损

21. （　　）在工作时工作液不易飞溅。

A. 腈纶毛抛光盘　　B. 波浪型海绵盘

C. 纯羊毛盘　　D. 人造混纺纤维盘

22. （　　）使用之前必须在清水中浸泡润湿，并用手把所吸附的水分挤掉。

A. 羊毛盘　　B. 柔软海绵盘　　C. 所有抛光盘　　D. 腈纶毛抛光盘

23. 研磨抛光时，应遵循（　　）的顺序。

A. 先细后粗，最后进行镜面处理　　B. 先粗后细，最后清洁

C. 先粗后细，最后进行镜面处理　　D. 先细后粗，最后清洁

24. （　　）用于填补钣金缺陷。

A. 腻子　　B. 底漆　　C. 面漆　　D. 金属漆

25. 汽车油漆修补时烘烤温度最高不能超过（　　）℃。

A. 60　　B. 80　　C. 90　　D. 70

26. 影响汽车漆面外观的主要因素有三个：汽车的颜色、面漆的质地和（　　）。

A. 漆面的构成　　B. 漆面的厚度

C. 面漆的状况　　D. 漆面的硬度

27. 在色标卡片上都标有数码编号，每一个色卡编号就是（　　）。

A. 出厂时的标志　　B. 汽车颜色的配方

C. 一种色漆的标志　　D. 油漆生产厂商的标志

28. 下列选项中，（　　）不属于导致汽车面漆受损的人为因素。

A. 行车中与其他车辆发生追尾事故

B. 某人故意划伤小区内停放的车辆

C. 漆面出现水痕损伤

D. 行车中与其他物体发生碰撞

29. 金属漆涂层为（　　）结构，总厚度约为100 μm，莫氏硬度为0.5以上。

A. 三层　　B. 四层　　C. 五层　　D. 两层

30. 当使用研磨机对轻度划痕进行研磨时，应采用（　　）r/min转速挡。

A. 1 000～1 200　　B. 1 200～1 500

C. 1 300～1 800　　D. 1 800～2 200

31. 在处理中度划痕时，一般先用（　　）号的砂纸对刮伤的表面层进行打磨。

A. 800～1000　　B. 1000～1500

C. 1500～1800　　D. 1800～2000

32. 把面积较大但只是轻微刮伤汽车表层面漆而未刮透面漆层的伤害称为（　　）小伤。

A. 轻度　　B. 中度　　C. 深度　　D. 重度

33. 当待涂装表面产生氧化现象、处理不彻底或有石蜡等物质存在时，会引起涂层（　　）。

A. 起皱　　B. 出现鱼眼　　C. 起泡　　D. 脱落

34. 下列选项中，（　　）不用送修理厂处理。

A. 漆面有轻微划痕　　B. 漆面无法抛光还原

C. 漆面出现较大面积的深度划痕　　D. 漆面出现大部分破损

35. 处理车身沥青时，应在干净的布上蘸一点（　　），轻轻涂抹于沥青处。

A. 清水　　B. 汽车专用沥青清洁剂

C. 家用洗洁精　　D. 洗车液

36. 导致前轮的金属轮辋容易变黑的主要原因是（　　）。

A. 路面溅起的柏油　　B. 油污

C. 污渍　　D. 制动时磨下的炭粉

37. 汽车的前轮轮辋特别容易产生（　　）现象。

A. 氧化　　B. 老化　　C. 结焦　　D. 炭化

38. 好轮胎的平均使用寿命为（　　）km。

A. 50 000　　B. 30 000　　C. 70 000　　D. 80 000

39. 轮辋边缘装有的小铅块能起到（　　）的作用。

A. 平衡车辆　　B. 车轮定位　　C. 降低胎温　　D. 清除异物

40. 实践证明，如果轮胎气压偏高 25%，轮胎的使用寿命将会降低（　　）。

A. 8%～10%　　B. 10%～15%　　C. 15%～20%　　D. 5%～8%

41. 欧洲轮胎轮辋协会建议升级规格后的轿车轮胎总直径加高不能超过（　　）。

A. 1.5%　　B. 2%　　C. 2.5%　　D. 3%

42. 一般情况下，新车投入使用后（　　）要进行一次轮胎换位。

A. 满一年　　B. 行驶 15 000 km

C. 行驶 25 000 km　　D. 行驶 5 000 km

43. 一般情况下，从新车轮胎首次换位起，以后（　　）要进行一次轮胎换位。

A. 每年　　B. 每行驶 10 000 km

C. 每行驶 20 000 km　　D. 每行驶 5 000 km

44. 车辆行驶时车轮摇摆，并导致不均匀的波浪形磨损，这是由于（　　）所引起的。

A. 动态不平衡　　B. 静态不平衡

C. 轮胎气压过低　　D. 轮胎气压过高

45. 汽车行驶时有颠簸和跳动现象，致使轮胎产生平斑，这是由于（　　）所引起的。

A. 动态不平衡　　B. 静态不平衡

C. 轮胎气压过低　　D. 轮胎气压过高

46. 冬天行车时风挡玻璃上积有冰雪，可选用（　　）进行除冰雪处理。

A. 玻璃防雾剂　　B. 风挡玻璃除冰剂

C. 玻璃清洁剂　　D. 普通的清水

47. 修复汽车风挡玻璃漏水时最好不要用腻子或原子灰等来填充空隙，因为这些材料经日晒后时间一久会产生（　　）现象。

A. 退色　　B. 脱落　　C. 龟裂　　D. 氧化

48. 使用专用玻璃修补液修补后的玻璃强度可达原玻璃的（　　）。

A. 70%左右　　B. 80%左右　　C. 90%以上　　D. 60%左右

49. 在更换汽车后组合灯灯泡时要注意灯泡的外形尺寸可能相同，但不同位置的灯泡（　　）。

A. 照明性能不同　　B. 装饰性能不同

C. 使用寿命相同　　D. 功率不同

50. 更换汽车前大灯灯泡，在安装防尘罩时，必须把排水孔朝（　　）放置。

A. 右　　B. 左　　C. 下　　D. 上

51. 当氙气灯与白炽灯功率相等时，氙气灯的亮度是白炽灯的（　　）。

A. 2倍　　B. 3倍　　C. 4倍　　D. 5倍以上

设备维护与劳动安全

一、判断题（将判断结果填入括号中。正确的填“√”，错误的填“×”）

1. 移动式清洗机主要由电动机、管路、喷枪等组成。（　　）

2. 移动式清洗机的喷嘴有扇形和强力圆形两种。（　　）

3. 顺时针旋转泡沫清洗机的压力开关为调小压力。（ ）

4. 使用泡沫清洗机时应将工作气压调至 0.2～0.4 MPa。（ ）

5. 空气压缩机应及时放掉储气罐、油水分离器、气压调节器及转换器内的冷凝水，一般一个星期就要放一次。（ ）

6. 空压机的工作压力不得高于空压机的额定压力。（ ）

7. 蒸汽清洗设备的低水位保护是指当蒸发器水位下降至最高水位时，系统即切断加热电源。（ ）

8. 蒸汽清洗设备只采用压力控制器维持额定气压，不再采取其他保护措施。（ ）

9. 使用蒸汽清洗设备时，不能任意调节压力继电器及安全阀的设定值。（ ）

10. 汽水混合清洗设备的发电机启动后应先在低速状态下运转 3～5 min。（ ）

11. 每天使用完毕后必须排尽汽水混合清洗设备罐中的空气和水。（ ）

12. 在使用发电机作为汽水混合清洗设备动力源时，严禁超负荷、超转速或长期在低负荷、低转速下运行。（ ）

13. 在使用市电作为汽水混合清洗设备动力源时，插座一定要有可靠接地，以免造成触电事故。（ ）

14. 全自动清洗设备全机电控系统选用低性能的变频调速器，实现了机、电、仪一体化。（ ）

15. 全自动清洗设备具有五项自动功能，如风筒升降自动控制系统等。（ ）

16. 全自动清洗设备的气动三联件中的油雾器缺油时就应立即加油。（ ）

17. 平时要注意全自动清洗设备有无异常声响，气路、水路系统有无渗漏，做到及时发现、视情况修理。（ ）

18. 据世界卫生组织报道，全世界 75％左右的疾病与水有关。（ ）

19. 先物化法后生化法是常用的污水处理方法之一。（ ）

20. 目前许多从业人员在清洗车辆时采用集约型作业方式。（ ）

21. 每次使用吸尘器前，应将集尘袋清理干净。（ ）

22. 研磨机按功能可分为双功能型和单功能型两种。（ ）

23. 双功能型研磨机具有工作平稳、转速不可调、不易损坏等特点，是专业人员的首选

机型。 ( )

24. 海绵研磨盘是黄色的，质地硬。 ( )

25. 研磨机主要由壳体、电动机、控制机构及配套装置组成。 ( )

26. 白色海绵盘一般是研磨盘，用于去除发丝划痕及抛光。 ( )

27. 海绵盘按其形状可分为直切型、平切型、波纹型。 ( )

28. 使用抛光机时，应将其在工作物表面放稳后再开机或关机。 ( )

29. 在抛光机完全停下之前，不要放下抛光机。 ( )

30. 常用的打蜡机大致可分为往复式打蜡机和离心式轨道打蜡机。 ( )

31. 打蜡机使用固定的打蜡盘，其打蜡盘套外层是皮革，底层是毛巾套。 ( )

32. 作为洗车专用的海绵应具有一定的韧性、抗拉强度和耐磨性。 ( )

33. 一般用半湿性小毛巾擦拭汽车的门边和车辆底部擦洗以后所残留的水痕。 ( )

34. 麂皮是一种毛皮呈黄黑色的鹿的皮。 ( )

35. 在选择麂皮时，尽可能越厚越好。 ( )

36. 车巾是将无纺布浸润于由蜡、树脂以及去离子水乳化混合后的液料中制成的。 ( )

37. 车巾除了用于对物体表面去污上光外，还具有抗静电、除锈防锈、防雾防水和吸污等功能。 ( )

38. 鬃毛刷具有良好的韧性和耐磨性，大部分场合均能使用。 ( )

39. 一般情况下，车辆美容作业最好使用塑料纤维制成的刷子。 ( )

40. 软刮具一般用于涂刮小的凹坑，刮出的腻子表面较小，但遗留孔隙较多。 ( )

41. 填补腻子的常用刮涂工具有硬刮具和软刮具两种。 ( )

42. 砂纸根据磨料的粒度以数码来表示，数码越大，磨料越粗。 ( )

43. 汽车美容装潢所使用的部分材料如使用不当，可能会引起爆炸。 ( )

44. 一些废涂料、废溶剂以及汽车美容装潢中的其他废旧材料如果保管不善，堆积在一起容易导致自燃并引发火灾。 ( )

45. 可燃性液体蒸气会与空气形成可燃性的混合气体，一旦遇火则引起闪电式燃烧，这种现象称为闪燃。 ( )

46. 易燃性溶剂的蒸气一般都比空气要轻。（ ）

47. 燃烧三要素是：可燃物、空气和温度。（ ）

48. 一切消防器材和消防措施都是根据燃烧三要素的原理设计的。（ ）

49. 平时必须加强对消防器材的保养和管理，做到“四定”，保证完好有效，并做好保暖工作。（ ）

50. 放置灭火器的地点应便于取用，同时应注意阴凉、干燥、通风，以防灭火器腐蚀或锈蚀。（ ）

51. 普通干粉灭火器又称 ABC 灭火器。（ ）

52. 一般常用的手提干粉灭火器为内装式干粉灭火器。（ ）

53. 长期接触红丹、铬黄等颜料后，可能会引起肺沉着病。（ ）

54. 过多吸入作业粉尘可能会对身体造成伤害，长期接触则可能导致肺沉着病。（ ）

55. 为保障操作人员身体健康，作业车间在使用暖风的情况下，一般不采用循环风。（ ）

56. 从业人员在整个工作过程中应了解有关事项，阅读产品标签和生产厂家提供的说明书上的注意事项，以便详细了解有害物质的成分和应采取的保护措施。（ ）

57. 在汽车美容装潢作业中虽然要使用各种有毒有害物质，但只要严格遵守各项工艺操作规程，采取各种安全防护措施，职业性中毒是完全可以预防的。（ ）

58. 工作时如需照明则应选用 36 V 的安全手灯。（ ）

59. 为防止触电事故的发生，工作场所可以使用三脚转换插头。（ ）

60. 分离工具与延接线之前，应先分离延接线与转换插座。（ ）

61. 如果使用延接线，应使其尽可能长一些为好。（ ）

二、单项选择题（选择一个正确的答案，将相应的字母填入题内的括号中）

1. 移动式清洗机水泵曲轴箱内的润滑油每运转（ ）后需要更换一次。

A. 30 天　B. 200 h　C. 500 h　D. 45 天

2. 使用泡沫清洗机时应将工作气压调至（ ）MPa。

A. 0.2～0.4　B. 0.4～0.55

C. 0.55～0.65　D. 0.65～0.7

3. 空压机的工作压力一般为（　　）MPa。

A. 0.4～0.6　　B. 0.4～0.9　　C. 0.7～0.9　　D. 0.7～1.0

4. 蒸汽发生器内的蒸汽压力达到（　　）MPa 以上时，安全阀会自动打开，以向外释放蒸汽。

A. 0.4　　B. 0.5　　C. 0.6　　D. 0.7

5. 不能在（　　）使用电加热蒸汽洗车设备。

A. 雨天的户外　　B. 潮湿的环境

C. 雨天的户外及潮湿的环境　　D. 多云天气的户外

6. 蒸汽发生器内的蒸汽压力降至（　　）MPa 时，系统会自动恢复加热。

A. 0.4　　B. 0.5　　C. 0.6　　D. 0.7

7. 使用汽水混合清洗设备时，为延长空压机的使用寿命，电动机每小时自动启动的次数不得超过（　　）次。

A. 6～8　　B. 8～10　　C. 10～12　　D. 12～14

8. 在使用发电机作为汽水混合清洗设备动力源时，加油应把开关关闭，切勿使燃油溢出或洒漏在汽油机及油箱表面，尤其是（　　）上。

A. 空压机　　B. 空气滤清器　　C. 消声器　　D. 储气罐

9. 全自动清洗设备选用（　　）只刷子的自动洗车形式。

A. 8　　B. 7　　C. 6　　D. 5

10. 全自动清洗设备的气动三联件中的（　　）缺油时就应立即加油。

A. 水路　　B. 减速机　　C. 空气过滤器　　D. 油雾器

11. 2003 年联合国一份研究报告指出，目前世界上约有（　　）的人生活在淡水资源缺乏的环境中。

A. 1/5　　B. 1/4　　C. 1/3　　D. 1/2

12. 我国人均水资源占有量仅为 2 300 m^3，不足世界人均占有量的（　　）。

A. 1/2　　B. 1/3　　C. 1/4　　D. 1/5

13. 洗车污水中含有大量泥沙及少量油污，属于无机废水，采用（　　）是当前我国处理洗车污水的最佳方法。

A. 生化→物化→消毒　　B. 物化→消毒
C. 物理→消毒　　D. 物理→生化→消毒

14. 常见的吸尘器主要有便携型、家用型和（　　）三种。
A. 普及型　　B. 豪华型　　C. 专业型　　D. 标准型

15. 吸尘器的工作原理是利用高速转动的风叶使吸尘器产生（　　）。
A. 空气压力　　B. 空气波动　　C. 局部真空　　D. 空气对流

16. 对于调速研磨机，（　　）为中速。
A. 1 200 r/min 以下　　B. 1 600 r/min 左右
C. 2 000 r/min 左右　　D. 2 000 r/min 以上

17. （　　）盘比毛料盘柔和，适合进行透明漆的研磨与抛光。
A. 海绵　　B. 混纺毛　　C. 全毛　　D. 全棉

18. 海绵盘中的（　　）色盘一般是抛光盘，用于去除发丝划痕及抛光。
A. 黄　　B. 白　　C. 黑　　D. 蓝

19. 研磨抛光时应时刻注意研磨机的（　　），以防其卷入机器。
A. 电线　　B. 研磨剂　　C. 抛光盘　　D. 研磨盘

20. 离心式轨道打蜡机的动作是靠一种离心式的、（　　）来完成的。
A. 有规律的轨道旋转　　B. 无规律的轨道旋转
C. 高速圆周运动　　D. 高速往复运动

21. 汽车美容装潢作业所使用的海绵一般应具有较好的（　　）能力。
A. 吸水　　B. 去污　　C. 藏土藏尘　　D. 耐磨

22. 洗车专用海绵除应具有海绵的一般特点外，还应具有韧性、抗拉强度和（　　）。
A. 耐酸性　　B. 耐碱性　　C. 抗静电性　　D. 耐磨性

23. 为达到工作时无细小纤维脱落的要求，车辆美容作业使用的毛巾最好是（　　）。
A. 混纺制品　　B. 无纺布制品　　C. 低支棉制品　　D. 毛麻制品

24. 用于擦拭汽车内饰部件及车窗玻璃等的毛巾应选用（　　）。
A. 半湿性大毛巾　　B. 半湿性小毛巾
C. 干性大毛巾　　D. 干性小毛巾

25. 麂皮在洗车作业中使用广泛，主要用于（　　）。

A. 浸润　　B. 擦洗　　C. 擦干　　D. 冲洗

26. 车巾的液料中包括清洁剂、润滑剂和（　　）三大类物质。

A. 保护釉　　B. 抛光剂　　C. 去锈剂　　D. 研磨剂

27. （　　）刷子不但具有较好的韧性和耐磨性，还可以减轻刷洗作业对橡胶、塑料件等制品的磨损。

A. 塑料　　B. 尼龙　　C. 鬃毛　　D. 铜丝

28. 硬刮具通常用于平面及（　　）的场合。

A. 大面积凹坑　　B. 小面积凹坑　　C. 小面积凸面　　D. 大面积凸面

29. 磨石的工作效率高但磨料较粗，一般只用于磨平第（　　）道腻子。

A. 一和二　　B. 三　　C. 一、二和三　　D. 任意

30. 操作时将（　　）垫于砂纸背后，用来打磨腻子。

A. 橡胶垫块　　B. 磨石　　C. 木块　　D. 手

31. 下列汽车美容作业场地中给用电安全带来较大隐患的是（　　）。

A. 干燥的仓库　　B. 水冲淋洗车门店

C. 维修车间　　D. 贴膜车间

32. 当物品的闪点为 21～70℃时，该物品就被称为（　　）火灾危险品。

A. 一级　　B. 二级　　C. 三级　　D. 特级

33. 当工作服着火时应（　　）。

A. 奔跑，利用风把火吹灭　　B. 勿惊慌奔跑，就地打滚将火扑灭

C. 大声呼救，等待他人救援　　D. 找灭火器灭火

34. 化学泡沫灭火器喷射出的泡沫是化学泡沫，化学泡沫内所含的气体为（　　）。

A. 空气　　B. 氮气　　C. 二氧化碳　　D. 一氧化碳

35. 一般常用的手提干粉灭火器为（　　）干粉灭火器。

A. 外置式　　B. 内装式　　C. 储压式　　D. 推车式

36. 甲醇和甲醛等对人体（　　）有毒害作用。

A. 神经系统　　B. 造血系统　　C. 呼吸系统　　D. 消化系统

37. 在涂装车间内应保持温度不低于15℃，相对湿度为（　　），且清洁无灰尘。

A. 30%～60%　　B. 50%～60%

C. 50%～70%　　D. 30%～70%

38. 换气风口和排废气点之间的距离在水平方向上（　　）。

A. 不大于10 m　　B. 大于10 m

C. 不小于10 m　　D. 小于10 m

39. 存储汽车美容用品时，所有用了一半的涂料罐在下班前都应该收集起来，并放在（　　）。

A. 架子上　　B. 防火的存储柜内

C. 角落里　　D. 箱子里

40. 可靠接地线的电阻应为（　　）Ω。

A. 小于0.4　　B. 0.4～0.5　　C. 0.5～0.6　　D. 0.6～0.7

41. 任何电线的绝缘层表面如果用手触摸感觉（　　），就应立即停机，并检查是否过载。

A. 震动　　B. 冰凉　　C. 明显发热　　D. 粗糙

第4部分

操作技能复习题

车容检查

一、汽车漆面受损情况的识别（试题代码[①]：1.1.1；考核时间：2 min）

1. 试题单

（1）操作条件

6种由不同原因造成漆面受损的样板：漆面氧化损伤、漆面龟裂损伤、漆面退色损伤、漆面水痕（纹）损伤、漆面蚀痕损伤、深划痕损伤。

（2）操作内容

在6种由不同原因造成漆面受损的样板中随机抽取5种，说出漆面受损的名称、特征及受损原因。

（3）操作要求

完整、正确地说出漆面受损的名称、特征及受损原因。

2. 评分表

① 试题代码表示该试题在操作技能考核方案表格中的所属位置。左起第一位表示项目号，第二位表示单元号，第三位表示在该项目、单元下的第几个试题。

<table>
<tr><td>试题代码及名称</td><td colspan="3">1.1.1　汽车漆面受损情况的识别</td><td colspan="3">考核时间</td><td colspan="4">2 min</td></tr>
<tr><td rowspan="2">评价要素</td><td rowspan="2">配分</td><td rowspan="2">等级</td><td rowspan="2">评分细则</td><td colspan="5">评定等级</td><td rowspan="2">得分</td></tr>
<tr><td>A</td><td>B</td><td>C</td><td>D</td><td>E</td></tr>
<tr><td rowspan="5">在6种由不同原因造成漆面受损的样板中随机抽取5种，说出漆面受损的名称、特征及受损原因</td><td rowspan="5">6</td><td>A</td><td>正确答出全部5种，熟练</td><td rowspan="5"></td><td rowspan="5"></td><td rowspan="5"></td><td rowspan="5"></td><td rowspan="5"></td><td rowspan="5"></td></tr>
<tr><td>B</td><td>正确答出全部5种，不够熟练</td></tr>
<tr><td>C</td><td>能答对其中的3～4种</td></tr>
<tr><td>D</td><td>能答对其中的1～2种</td></tr>
<tr><td>E</td><td>差或未答题</td></tr>
<tr><td>合计配分</td><td>6</td><td colspan="7">合计得分</td><td></td></tr>
</table>

等级	A（优）	B（良）	C（及格）	D（较差）	E（差或未答题）
比值	1.0	0.8	0.6	0.2	0

“评价要素”得分＝配分×等级比值。

二、汽车内部常用材料的识别（试题代码：1.2.1；考核时间：2 min）

1. 试题单

(1) 操作条件

1）1种黄牛头层皮。

2）1种水牛头层皮。

3）4种其他动物皮。

4）3种纤维材料。

(2) 操作内容

在1种黄牛头层皮、1种水牛头层皮、4种其他动物皮、3种纤维材料中随机抽取5种，说出材料名称及识别依据。

(3) 操作要求

完整、正确地说出材料名称及识别依据。

2. 评分表

试题代码及名称			1.2.1　汽车内部常用材料的识别	考核时间		2 min			
评价要素	配分	等级	评分细则	评定等级					得分
				A	B	C	D	E	
在 1 种黄牛头层皮、1 种水牛头层皮、4 种其他动物皮、3 种纤维材料中随机抽取 5 种，说出材料名称及识别依据	6	A	正确答出全部 5 种，熟练						
		B	正确答出全部 5 种，不够熟练						
		C	能答对其中的 3～4 种						
		D	能答对其中的 1～2 种						
		E	差或未答题						
合计配分	6	合计得分							

等级	A（优）	B（良）	C（及格）	D（较差）	E（差或未答题）
比值	1.0	0.8	0.6	0.2	0

“评价要素”得分＝配分×等级比值。

三、溶剂和汽车油漆漆样的识别（试题代码：1.3.1；考核时间：2 min）

1. 试题单

（1）操作条件

1）3 种溶剂：二甲苯、环己酮、松香水。

2）6 种油漆漆样：树脂漆、酚醛漆、醇酸漆、丙烯酸漆、环氧漆、聚氨酯漆。

（2）操作内容

在 3 种溶剂和 6 种油漆漆样中随机抽取 5 种，说出其名称及用途。

（3）操作要求

完整、正确地说出溶剂和油漆漆样的名称及用途。

2. 评分表

试题代码及名称			1.3.1　溶剂和汽车油漆漆样的识别	考核时间		2 min			
评价要素	配分	等级	评分细则	评定等级					得分
				A	B	C	D	E	
在 3 种溶剂和 6 种油漆漆样中随机抽取 5 种，说出其名称及用途	6	A	正确答出全部 5 种，熟练						
		B	正确答出全部 5 种，不够熟练						
		C	能答对其中的 3～4 种						

续表

<table>
<tr><td>试题代码及名称</td><td colspan="3">1.3.1　溶剂和汽车油漆漆样的识别</td><td colspan="3">考核时间</td><td colspan="3">2 min</td></tr>
<tr><td rowspan="2">评价要素</td><td rowspan="2">配分</td><td rowspan="2">等级</td><td rowspan="2">评分细则</td><td colspan="5">评定等级</td><td rowspan="2">得分</td></tr>
<tr><td>A</td><td>B</td><td>C</td><td>D</td><td>E</td></tr>
<tr><td rowspan="2"></td><td rowspan="2"></td><td>D</td><td>能答对其中的1～2种</td><td rowspan="2"></td><td rowspan="2"></td><td rowspan="2"></td><td rowspan="2"></td><td rowspan="2"></td><td rowspan="2"></td></tr>
<tr><td>E</td><td>差或未答题</td></tr>
<tr><td>合计配分</td><td>6</td><td colspan="7">合计得分</td><td></td></tr>
</table>

等级	A（优）	B（良）	C（及格）	D（较差）	E（差或未答题）
比值	1.0	0.8	0.6	0.2	0

“评价要素”得分＝配分×等级比值。

四、汽车防爆膜的识别（试题代码：1.4.1；考核时间：2 min）

1. 试题单

（1）操作条件

4 种不同等级的防爆膜。

（2）操作内容

对 4 种不同等级的防爆膜，从以下几个方面分别进行检测与排序：

1）透光度和清晰度。

2）隔热率。

3）膜的颜色和着色方法。

4）结合严密性。

（3）操作要求

1）利用碘钨灯正确判别所提供防爆膜的隔热程度，并进行排序。

2）对着光源正确判别所提供防爆膜的透光和清晰程度，并进行排序。

3）口述对防爆膜结合严密性进行检查的简易方法。

4）口述膜的着色方法。

2. 评分表

试题代码及名称	1.4.1　汽车防爆膜的识别			考核时间			2 min		
评价要素	配分	等级	评分细则	评定等级					得分
				A	B	C	D	E	
对 4 种不同等级的防爆膜的清晰度、隔热性能分别进行检测与排序，口述膜的着色方法、结合严密性的简易检测方法	6	A	熟练正确地对膜的清晰度、隔热性能进行检测与排序，对膜的结合严密性与着色工艺能熟练正确地口述						
		B	正确地对膜的清晰度、隔热性能进行检测与排序，对膜的结合严密性与着色工艺能正确地口述						
		C	进行检测略有错误，对膜的清晰度、隔热性能排序全部正确，口述膜的着色方法与结合严密性的检测方法有一个是正确的						
		D	进行检测有部分错误，对膜的清晰度、隔热性能排序有 1～2 个正确，口述膜的着色方法与结合严密性的检测方法有一个是基本正确的						
		E	差或未答题						
合计配分	6	合计得分							

等级	A（优）	B（良）	C（及格）	D（较差）	E（差或未答题）
比值	1.0	0.8	0.6	0.2	0

“评价要素”得分＝配分×等级比值。

五、汽车轮胎的识别（试题代码：1.5.1；考核时间：2 min）

1. 试题单

（1）操作条件

7 种轮胎：无轮辋有内胎轮胎、无轮辋无内胎轮胎、轿车斜交轮胎、轿车子午线轮胎、越野车轮胎、轻型载货汽车普通断面斜交轮胎、轻型载货汽车公制子午线轮胎。

（2）操作内容

在 7 种轮胎中随机抽取 5 种，并按下列要求进行识别：

1）对所提供的无轮辋有内胎轮胎，说出其名称。

2）对所提供的无轮辋无内胎轮胎，说出其名称。

3）对所提供的轿车斜交轮胎，说出其名称，并根据其侧面的编码说出其规格型号。

4）对所提供的轿车子午线轮胎，说出其名称，并根据其侧面的编码说出其规格型号。

5）对所提供的越野车轮胎，说出其名称。

6）对所提供的轻型载货汽车普通断面斜交轮胎，说出其名称。

7）对所提供的轻型载货汽车公制子午线轮胎，说出其名称。

（3）操作要求

完整、正确地口述。

2. 评分表

试题代码及名称	1.5.1 汽车轮胎的识别			考核时间	2 min				
评价要素	配分	等级	评分细则	评定等级					得分
				A	B	C	D	E	
在7种轮胎中随机抽取5种，按要求进行识别	6	A	正确答出全部5种，熟练						
		B	正确答出全部5种，不够熟练						
		C	能答对其中的3～4种						
		D	能答对其中的1～2种						
		E	差或未答题						
合计配分	6	合计得分							

等级	A（优）	B（良）	C（及格）	D（较差）	E（差或未答题）
比值	1.0	0.8	0.6	0.2	0

“评价要素”得分＝配分×等级比值。

六、汽车轮胎损坏情况的识别（试题代码：1.6.1；考核时间：2 min）

1. 试题单

（1）操作条件

8种不同情况下磨损或损坏的汽车轮胎：胎冠中央磨损、胎冠两肩磨损、胎冠内侧或外侧磨损、胎冠锯齿状磨损、胎冠波浪状或碟片状磨损、胎冠局部磨损、轮胎外伤、帘线及帘布损伤。

（2）操作内容

在 8 种不同情况下磨损或损坏的汽车轮胎中随机抽取 5 种，说出其损坏类型与损坏原因。

(3) 操作要求

完整、正确地说出轮胎损坏类型与损坏原因。

2. 评分表

试题代码及名称	1.6.1　汽车轮胎损坏情况的识别			考核时间		2 min			
评价要素	配分	等级	评分细则	评定等级					得分
				A	B	C	D	E	
在 8 种不同情况下磨损或损坏的汽车轮胎中随机抽取 5 种，说出其损坏类型与损坏原因	6	A	正确答出全部 5 种，熟练						
		B	正确答出全部 5 种，不够熟练						
		C	能答对其中的 3～4 种						
		D	能答对其中的 1～2 种						
		E	差或未答题						
合计配分	6	合计得分							

等级	A（优）	B（良）	C（及格）	D（较差）	E（差或未答题）
比值	1.0	0.8	0.6	0.2	0

"评价要素"得分＝配分×等级比值。

七、汽车玻璃及灯具的识别（试题代码：1.7.1；考核时间：2 min）

1. 试题单

(1) 操作条件

1) 2 种汽车玻璃：钢化玻璃、夹层玻璃。

2) 5 种车灯：前照灯、示宽灯、雾灯、顶灯、阅读灯。

(2) 操作内容

在 2 种汽车玻璃和 5 种车灯中随机抽取 5 种，说出其名称及用途。

(3) 操作要求

完整、正确地说出玻璃、车灯的名称及用途。

2. 评分表

试题代码及名称	1.7.1　汽车玻璃及灯具的识别			考核时间		2 min			
评价要素	配分	等级	评分细则	评定等级					得分
				A	B	C	D	E	
在2种汽车玻璃和5种车灯中随机抽取5种，说出其名称及用途	6	A	正确答出全部5种，熟练						
		B	正确答出全部5种，不够熟练						
		C	能答对其中的3～4种						
		D	能答对其中的1～2种						
		E	差或未答题						
合计配分	6		合计得分						

等级	A（优）	B（良）	C（及格）	D（较差）	E（差或未答题）
比值	1.0	0.8	0.6	0.2	0

“评价要素”得分＝配分×等级比值。

车辆清洗

一、汽车外部清洗（试题代码：2.1.1；考核时间：16 min）

1. 试题单

（1）操作条件

轿车1辆、移动式清洗机1台、泡沫机1台、洗车毛巾等工具、水源及排污水管道。

（2）操作内容

使用移动式清洗机对一辆轿车的车体、风挡玻璃等处以正确的水温、水压，按正确的程序进行清洗（不含车顶部分）。

（3）操作要求

完成后汽车外部应无尘土、无污渍、无水痕，玻璃光亮如新。

2. 评分表

试题代码及名称	2.1.1　汽车外部清洗			考核时间				16 min	
评价要素	配分	等级	评分细则	评定等级					得分
				A	B	C	D	E	
使用移动式清洗机对一辆轿车的车体、风挡玻璃等处以正确的水温、水压，按正确的程序进行清洗（不含车顶部分）。完成后汽车外部应无尘土、无污渍、无水痕，玻璃光亮如新	20	A	操作熟练，工艺程序正确，清洗质量优良						
		B	工艺程序正确，清洗质量较好						
		C	工艺程序有个别错误，清洗质量一般						
		D	工艺程序有部分错误，清洗质量较差						
		E	差或未答题						
合计配分	20	合计得分							

等级	A（优）	B（良）	C（及格）	D（较差）	E（差或未答题）
比值	1.0	0.8	0.6	0.2	0

“评价要素”得分＝配分×等级比值。

二、汽车内室篷壁清洗（试题代码：2.2.1；考核时间：8 min）

1. 试题单

（1）操作条件

轿车 1 辆、轿车内室篷壁清洗毛巾与清洁剂、吸尘器 1 台。

（2）操作内容

在轿车内室篷壁处随机选择一块大小约为 500 mm×500 mm 的地方进行清洗。操作要点是：

1）用吸尘器吸除篷壁上的浮灰。

2）用干净湿布擦拭，遇有较重污渍，可使用专用的清洁剂予以清除。

3）清除污渍时，应从污渍边缘逐渐向中心擦拭。

4）污渍清除干净后，另用一块干净的棉布顺着绒毛方向抹平，使其恢复原样。

5）清洗时抹布不能太湿。

（3）操作要求

完成后被清洗部分应无污渍遗留痕迹并无因清洗而造成的损伤。

2. 评分表

试题代码及名称	2.2.1　汽车内室篷壁清洗			考核时间		8 min			
评价要素	配分	等级	评分细则	评定等级					得分
				A	B	C	D	E	
在轿车内室篷壁处随机选择一块大小约为 500 mm×500 mm 的地方进行清洗。完成后被清洗部分应无污渍遗留痕迹并无因清洗而造成的损伤	10	A	操作熟练，工艺程序正确，清洗质量优良						
		B	工艺程序正确，清洗质量较好						
		C	工艺程序有个别错误，清洗质量一般						
		D	工艺程序有部分错误，清洗质量较差						
		E	差或未答题						
合计配分	10		合计得分						

等级	A（优）	B（良）	C（及格）	D（较差）	E（差或未答题）
比值	1.0	0.8	0.6	0.2	0

“评价要素”得分＝配分×等级比值。

三、汽车仪表台清洗（试题代码：2.3.1；考核时间：8 min）

1. 试题单

（1）操作条件

1）轿车的仪表台。

2）清洗毛巾、棉签、仪表台清洁剂、吸尘器。

（2）操作内容

对一辆轿车的仪表台进行清洗。操作要点是：

1）拔下点火开关的钥匙。

2）用吸尘器去除置物箱、空调风道口及汽车收音机周边的污渍，并擦拭干净。

3）用干净软布及棉签（主要用于清除细小条纹处的污渍）清除仪表台面、表盘、方向盘、音响、排挡区等处的污渍。

4）将专用仪表台清洁剂喷于软布之上，并轻轻擦拭仪表台各处。

（3）操作要求

完成后被清洗部分应无污渍遗留痕迹并无因清洗而造成的损伤。

2. 评分表

<table>
<tr><td>试题代码及名称</td><td colspan="3">2.3.1　汽车仪表台清洗</td><td colspan="3">考核时间</td><td colspan="3">8 min</td></tr>
<tr><td rowspan="2">评价要素</td><td rowspan="2">配分</td><td rowspan="2">等级</td><td rowspan="2">评分细则</td><td colspan="5">评定等级</td><td rowspan="2">得分</td></tr>
<tr><td>A</td><td>B</td><td>C</td><td>D</td><td>E</td></tr>
<tr><td rowspan="5">对一辆轿车的仪表台进行清洗。完成后被清洗部分应无污渍遗留痕迹并无因清洗而造成的损伤</td><td rowspan="5">10</td><td>A</td><td>操作熟练，工艺程序正确，清洗质量优良</td><td rowspan="5"></td><td rowspan="5"></td><td rowspan="5"></td><td rowspan="5"></td><td rowspan="5"></td><td rowspan="5"></td></tr>
<tr><td>B</td><td>工艺程序正确，清洗质量较好</td></tr>
<tr><td>C</td><td>工艺程序有个别错误，清洗质量一般</td></tr>
<tr><td>D</td><td>工艺程序有部分错误，清洗质量较差</td></tr>
<tr><td>E</td><td>差或未答题</td></tr>
<tr><td>合计配分</td><td>10</td><td colspan="7">合计得分</td><td></td></tr>
</table>

等级	A（优）	B（良）	C（及格）	D（较差）	E（差或未答题）
比值	1.0	0.8	0.6	0.2	0

“评价要素”得分＝配分×等级比值。

四、汽车座椅清洗（试题代码：2.4.1；考核时间：8 min）

1. 试题单

（1）操作条件

1）轿车的座椅。

2）清洗毛巾、长毛刷子、吸尘器、皮革清洁剂等。

（2）操作内容

对一辆轿车的座椅进行清洗。操作要点是：

1）用长毛刷子与吸尘器配合，一边刷座椅表面，一边用吸尘器的吸口把里面的灰尘及沙粒清除干净。

2）用吸尘器清除坐垫上的灰尘。

3）用软布将皮革表面擦拭干净。

4）将皮革清洁剂均匀地喷于皮革表面，稍待片刻，用干净毛巾或软毛刷子仔细擦拭，直至污渍全部清除。

5）注意对椅缝处的灰尘及污渍加以清除。

6）将皮革上光保护剂均匀地喷于皮革表面，并用干净毛巾反复擦拭，直至光亮。

（3）操作要求

完成后被清洗部分应无污渍遗留痕迹并无因清洗而造成的损伤。

2. 评分表

试题代码及名称	2.4.1　汽车座椅清洗			考核时间		8 min			
评价要素	配分	等级	评分细则	评定等级					得分
				A	B	C	D	E	
对一辆轿车的座椅进行清洗。完成后被清洗部分应无污渍遗留痕迹并无因清洗而造成的损伤	10	A	操作熟练，工艺程序正确，清洗质量优良						
		B	工艺程序正确，清洗质量较好						
		C	工艺程序有个别错误，清洗质量一般						
		D	工艺程序有部分错误，清洗质量较差						
		E	差或未答题						
合计配分	10		合计得分						

等级	A（优）	B（良）	C（及格）	D（较差）	E（差或未答题）
比值	1.0	0.8	0.6	0.2	0

“评价要素”得分＝配分×等级比值。

五、汽车安全带清洗（试题代码：2.5.1；考核时间：8 min）

1. 试题单

（1）操作条件

1）轿车的安全带。

2）清洗牙刷、毛巾及清洁剂。

（2）操作内容

对一辆轿车的安全带进行清洗。操作要点是：

1）用牙刷蘸淡肥皂水对安全带进行擦洗。

2）清洗后安全带及搭扣处应无任何污渍残留。

3）安全带清洗完毕后不能立即进行卷带（以防发生霉变）。

（3）操作要求

完成后被清洗部分应无污渍遗留痕迹并无因清洗而造成的损伤。

2. 评分表

试题代码及名称	2.5.1　汽车安全带清洗			考核时间		8 min			
评价要素	配分	等级	评分细则	评定等级					得分
				A	B	C	D	E	
对一辆轿车的安全带进行清洗。完成后被清洗部分应无污渍遗留痕迹并无因清洗而造成的损伤	10	A	操作熟练，工艺程序正确，清洗质量优良						
		B	工艺程序正确，清洗质量较好						
		C	工艺程序有个别错误，清洗质量一般						
		D	工艺程序有部分错误，清洗质量较差						
		E	差或未答题						
合计配分	10	合计得分							

等级	A（优）	B（良）	C（及格）	D（较差）	E（差或未答题）
比值	1.0	0.8	0.6	0.2	0

“评价要素”得分＝配分×等级比值。

车体美容

一、汽车漆面的研磨抛光（试题代码：3.1.1；考核时间：8 min）

1. 试题单

（1）操作条件

1）1 块轿车翼子板（有面积约为 150 mm×300 mm 的细小划痕）或引擎盖。

2）研磨抛光机，海绵抛光盘（黄、白色各 1 块），抛光剂，研磨剂。

（2）操作内容

对一块轿车翼子板或引擎盖上面积约为 150 mm×300 mm 的细小划痕进行抛光。操作要点是：

1）将抛光盘在清水中浸泡、润湿，并且用手把抛光盘吸附的水分挤掉，然后启动抛光机将抛光盘中的水分甩掉。

2）取少量抛光剂喷于翼子板或引擎盖上，并选择好转速。

3）使抛光盘平面与被抛光的漆面始终保持一小角度（约为 5°～15°），并掌握好力度进行抛光作业。

（3）操作要求

抛光后漆面光洁如新，无因抛光过度而伤及面漆的现象产生。

2. 评分表

试题代码及名称	3.1.1 汽车漆面的研磨抛光			考核时间	8 min				
评价要素	配分	等级	评分细则	评定等级					得分
				A	B	C	D	E	
对一块轿车翼子板或引擎盖上面积约为 150 mm×300 mm 的细小划痕进行抛光。要求抛光后漆面光洁如新，无因抛光过度而伤及面漆的现象产生	15	A	操作熟练，工艺程序正确，研磨抛光质量优良						
		B	工艺程序正确，研磨抛光质量较好						
		C	工艺程序有个别错误，研磨抛光质量一般						
		D	工艺程序有部分错误，研磨抛光质量较差						
		E	差或未答题						
合计配分	15		合计得分						

等级	A（优）	B（良）	C（及格）	D（较差）	E（差或未答题）
比值	1.0	0.8	0.6	0.2	0

“评价要素”得分＝配分×等级比值。

二、汽车漆面的手工上蜡（试题代码：3.2.1；考核时间：6 min）

1. 试题单

（1）操作条件

1）300 mm×300 mm 的轿车前机盖 1 块或 200 mm×400 mm 的轿车后备箱盖 1 块。

2）打蜡海绵 1 块、打蜡大毛巾 1 条、车蜡适量。

（2）操作内容

对一块轿车前机盖或后备箱盖进行上蜡操作。操作要点是：

1）将适量的车蜡涂抹于专用的打蜡海绵上，然后在轿车前机盖或后备箱盖上往复直线涂抹，每道涂抹应与上道涂抹区域有 1/5～1/4 的重合度。

2）上蜡时手的力度要均匀，用大拇指和小指夹住上蜡的海绵，以手掌和其余三个手指按住海绵，再按直线方式进行涂抹。

3）在车蜡将干未干时用干净毛巾将车蜡打光。

4）按汽车行驶方向（纵向）完成最后一道打光。

（3）操作要求

打蜡时不能以画圆圈的方式进行。

2. 评分表

试题代码及名称	3.2.1 汽车漆面的手工上蜡			考核时间		6 min			
评价要素	配分	等级	评分细则	评定等级					得分
				A	B	C	D	E	
对一块轿车前机盖或后备箱盖进行上蜡操作	10	A	操作熟练，工艺程序正确，护理质量优良						
		B	工艺程序正确，护理质量较好						
		C	工艺程序有个别错误，护理质量一般						
		D	工艺程序有部分错误，护理质量较差						
		E	差或未答题						
合计配分	10	合计得分							

等级	A（优）	B（良）	C（及格）	D（较差）	E（差或未答题）
比值	1.0	0.8	0.6	0.2	0

“评价要素”得分＝配分×等级比值。

三、汽车漆面柏油的清除（试题代码：3.3.1；考核时间：2 min）

1. 试题单

（1）操作条件

1）轿车的保险杠（其漆面上有柏油）。

2）专用的柏油清洁剂、毛巾、棉签若干、清水。

（2）操作内容

对车身漆面上的柏油进行清除，并对该处漆面进行护理。操作要点是：

1）在干净的布上蘸一点汽车专用的柏油清洁剂，轻轻涂抹于柏油处。

2）静置片刻，等待车身上的柏油溶解。

3）用干净的布擦拭溶解后的柏油。

4）用清水清洗该处并擦拭干净后打蜡（口述）。

（3）操作要求

漆面柏油要清除干净。

2. 评分表

试题代码及名称	3.3.1　汽车漆面柏油的清除			考核时间		2 min			
评价要素	配分	等级	评分细则	评定等级					得分
				A	B	C	D	E	
对车身漆面上的柏油进行清除，并对该处漆面进行护理	5	A	操作熟练，工艺程序正确，清除质量优良，口述完整正确						
		B	工艺程序正确，清除质量较好，口述完整正确						
		C	工艺程序有个别错误，清除质量一般，口述基本正确						
		D	工艺程序有部分错误，清除质量较差，口述略有混乱						
		E	差或未答题						
合计配分	5	合计得分							

等级	A（优）	B（良）	C（及格）	D（较差）	E（差或未答题）
比值	1.0	0.8	0.6	0.2	0

“评价要素”得分＝配分×等级比值。

四、汽车轮胎的护理（试题代码：3.4.1；考核时间：2 min）

1. 试题单

（1）操作条件

1）旧轿车轮胎1只。

2）清水半桶、毛巾1条、轮胎翻新剂1瓶。

（2）操作内容

对一只旧轿车轮胎进行护理。操作要点是：

1）将轮胎清洗擦净后用压缩空气吹干。

2）将汽车专用的轮胎翻新剂喷于轮胎表面。

3）用无纺布或软毛巾涂抹，均匀擦拭并晾干。

（3）操作要求

护理过程要全面、仔细。

2. 评分表

试题代码及名称	3.4.1　汽车轮胎的护理				考核时间		2 min			
评价要素	配分	等级	评分细则	评定等级					得分
				A	B	C	D	E	
对一只旧轿车轮胎进行护理	5	A	操作熟练，工艺程序正确，护理质量优良						
		B	工艺程序正确，护理质量较好						
		C	工艺程序有个别错误，护理质量一般						
		D	工艺程序有部分错误，护理质量较差						
		E	差或未答题						
合计配分	5	合计得分							

等级	A（优）	B（良）	C（及格）	D（较差）	E（差或未答题）
比值	1.0	0.8	0.6	0.2	0

“评价要素”得分＝配分×等级比值。

五、汽车玻璃的护理（试题代码：3.5.1；考核时间：2 min）

1. 试题单

（1）操作条件

1）轿车的前风挡玻璃。

2）玻璃清洁剂 1 瓶、清水半桶、毛巾 2 条、防雾剂 1 瓶。

（2）操作内容

对轿车的前风挡玻璃进行防雾护理。操作要点是：

1）用玻璃清洁剂清洗风挡玻璃内侧，并使之干透。

2）将防雾剂均匀地喷于风挡玻璃内侧，待凝固后擦净。

（3）操作要求

1）护理过程要全面、仔细。

2）完成后玻璃应透明光亮，哈气无印迹。

2. 评分表

试题代码及名称	3.5.1　汽车玻璃的护理			考核时间		2 min			
评价要素	配分	等级	评分细则	评定等级					得分
				A	B	C	D	E	
对轿车的前风挡玻璃进行防雾护理	5	A	操作熟练，工艺程序正确，清洗与防雾处理质量优良						
		B	工艺程序正确，清洗与防雾处理质量较好						
		C	工艺程序有个别错误，清洗与防雾处理质量一般						
		D	工艺程序有部分错误，清洗与防雾处理质量较差						
		E	差或未答题						
合计配分	5		合计得分						

等级	A（优）	B（良）	C（及格）	D（较差）	E（差或未答题）
比值	1.0	0.8	0.6	0.2	0

“评价要素”得分＝配分×等级比值。

六、汽车灯具的护理（试题代码：3.6.1；考核时间：2 min）

1. 试题单

（1）操作条件

1）1只前大灯。

2）大灯灯泡若干（好、坏）。

（2）操作内容

对轿车的一只前大灯进行更换。操作要点是：

1）打开发动机罩，用手拔下前大灯后端的接线插座。

2）拆下防尘罩和灯泡之间的卡簧。

3）用手指捏住灯泡的金属底座直接把灯泡拉出来。

4）拆下旧灯泡，换上新灯泡。

5）防尘罩上有排水孔，在安装防尘罩时，必须使排水孔朝下。

（3）操作要求

不能直接用手触摸灯泡玻璃。

2. 评分表

试题代码及名称	3.6.1　汽车灯具的护理			考核时间		2 min			
评价要素	配分	等级	评分细则	评定等级					得分
				A	B	C	D	E	
对轿车的一只前大灯进行更换	5	A	操作熟练，工艺程序正确，做到不直接用手触摸灯泡玻璃						
		B	工艺程序正确，做到不直接用手触摸灯泡玻璃						
		C	工艺程序有个别错误，直接用手触摸灯泡玻璃						
		D	工艺程序有部分错误，直接用手触摸灯泡玻璃						
		E	差或未答题						
合计配分	5	合计得分							

等级	A（优）	B（良）	C（及格）	D（较差）	E（差或未答题）
比值	1.0	0.8	0.6	0.2	0

“评价要素”得分=配分×等级比值。

设备维护与劳动安全

一、清洗设备的使用与维护（试题代码：4.1.1；考核时间：4 min）

1. 试题单

（1）操作条件

洗车污水循环回用设备、移动式清洗机、空气压缩机、微水洗车设备各 1 台。

（2）操作内容

在洗车污水循环回用设备、移动式清洗机、空气压缩机、微水洗车设备中随机选取 1 种，口述其使用操作程序与维护保养的要点。

（3）操作要求

口述使用操作程序与维护保养的要点时要注意安全、仔细。

2. 评分表

试题代码及名称	4.1.1 清洗设备的使用与维护			考核时间	4 min				
评价要素	配分	等级	评分细则	评定等级					得分
				A	B	C	D	E	
在洗车污水循环回用设备、移动式清洗机、空气压缩机、微水洗车设备中随机选取1种，口述其使用操作程序与维护保养的要点	2	A	口述熟练，工艺程序正确，维护保养的要点齐全						
		B	工艺程序正确，维护保养的要点齐全						
		C	工艺程序有个别错误，维护保养的要点基本正确						
		D	工艺程序有部分错误，维护保养的要点基本正确但不全面						
		E	差或未答题						
合计配分	2	合计得分							

等级	A（优）	B（良）	C（及格）	D（较差）	E（差或未答题）
比值	1.0	0.8	0.6	0.2	0

“评价要素”得分＝配分×等级比值。

二、常用辅助工具的使用与维护（试题代码：4.2.1；考核时间：2 min）

1. 试题单

（1）操作条件

吸尘吸水器、研磨（抛光）机、打蜡机各1台。

（2）操作内容

在吸尘吸水器、研磨（抛光）机、打蜡机中随机抽取2种，口述其使用操作程序与维护保养的要点。

（3）操作要求

口述使用操作程序与维护保养的要点时要注意安全、仔细。

2. 评分表

试题代码及名称	4.2.1　常用辅助工具的使用与维护			考核时间		2 min			
评价要素	配分	等级	评分细则	评定等级					得分
				A	B	C	D	E	
在吸尘吸水器、研磨（抛光）机、打蜡机中随机抽取 2 种，口述其使用操作程序与维护保养的要点	2	A	口述熟练，工艺程序正确，维护保养的要点齐全						
		B	工艺程序正确，维护保养的要点齐全						
		C	工艺程序有个别错误，维护保养的要点基本正确						
		D	工艺程序有部分错误，维护保养的要点基本正确但不全面						
		E	差或未答题						
合计配分	2	合计得分							

等级	A（优）	B（良）	C（及格）	D（较差）	E（差或未答题）
比值	1.0	0.8	0.6	0.2	0

“评价要素”得分＝配分×等级比值。

三、消防安全（试题代码：4.3.1；考核时间：2 min）

1. 试题单

（1）操作条件

酸碱式灭火器、泡沫式灭火器、二氧化碳式灭火器、干粉式灭火器各 1 只。

（2）操作内容

在酸碱式灭火器、泡沫式灭火器、二氧化碳式灭火器、干粉式灭火器中随机抽取 3 种，说出其用途并进行示范操作。

（3）操作要求

1）使用设备要注意安全。

2）用途要一一说完整。

2. 评分表

<table>
<tr><td>试题代码及名称</td><td colspan="3">4.3.1　消防安全</td><td colspan="3">考核时间</td><td colspan="3">2 min</td></tr>
<tr><td rowspan="2">评价要素</td><td rowspan="2">配分</td><td rowspan="2">等级</td><td rowspan="2">评分细则</td><td colspan="5">评定等级</td><td rowspan="2">得分</td></tr>
<tr><td>A</td><td>B</td><td>C</td><td>D</td><td>E</td></tr>
<tr><td rowspan="5">在酸碱式灭火器、泡沫式灭火器、二氧化碳式灭火器、干粉式灭火器中随机抽取3种，说出其用途并进行示范操作</td><td rowspan="5">2</td><td>A</td><td>对3种灭火器全部都能识别，操作演示规范熟练</td><td rowspan="5"></td><td rowspan="5"></td><td rowspan="5"></td><td rowspan="5"></td><td rowspan="5"></td><td rowspan="5"></td></tr>
<tr><td>B</td><td>对3种灭火器全部都能识别，操作演示较规范熟练</td></tr>
<tr><td>C</td><td>能正确识别2种灭火器，操作演示较规范熟练</td></tr>
<tr><td>D</td><td>能正确识别1种灭火器，操作演示较规范熟练</td></tr>
<tr><td>E</td><td>差或未答题</td></tr>
<tr><td>合计配分</td><td>2</td><td colspan="7">合计得分</td><td></td></tr>
</table>

等级	A（优）	B（良）	C（及格）	D（较差）	E（差或未答题）
比值	1.0	0.8	0.6	0.2	0

“评价要素”得分＝配分×等级比值。

四、劳动安全防护（试题代码：4.4.1；考核时间：2 min）

1. 试题单

（1）操作条件

3种长短不一的拖线板、2种转换插头、3种电动工具。

（2）操作内容

在3种长短不一的拖线板、2种转换插头、3种电动工具中随机各抽取1种，进行示范操作，并说出注意事项。

（3）操作要求

1）示范操作要注意安全。

2）注意事项要一一说完整、说明确。

2. 评分表

<table>
<tr><td>试题代码及名称</td><td colspan="3">4.4.1　劳动安全防护</td><td colspan="2">考核时间</td><td colspan="4">2 min</td></tr>
<tr><td rowspan="2">评价要素</td><td rowspan="2">配分</td><td rowspan="2">等级</td><td rowspan="2">评分细则</td><td colspan="5">评定等级</td><td rowspan="2">得分</td></tr>
<tr><td>A</td><td>B</td><td>C</td><td>D</td><td>E</td></tr>
<tr><td rowspan="5">在 3 种长短不一的拖线板、2 种转换插头、3 种电动工具中随机各抽取 1 种，进行示范操作，并说出注意事项</td><td rowspan="5">2</td><td>A</td><td>3 种样品全部都能熟练规范操作，且能说出 3 种样品的注意事项</td><td rowspan="5"></td><td rowspan="5"></td><td rowspan="5"></td><td rowspan="5"></td><td rowspan="5"></td><td rowspan="5"></td></tr>
<tr><td>B</td><td>能规范操作 3 种样品，且能说出其中 2 种样品的注意事项</td></tr>
<tr><td>C</td><td>能规范操作 2 种样品，且能说出 2 种样品的注意事项</td></tr>
<tr><td>D</td><td>能规范操作 2 种样品，且能说出其中 1 种样品的注意事项</td></tr>
<tr><td>E</td><td>差或未答题</td></tr>
<tr><td>合计配分</td><td>2</td><td colspan="7">合计得分</td><td></td></tr>
</table>

等级	A（优）	B（良）	C（及格）	D（较差）	E（差或未答题）
比值	1.0	0.8	0.6	0.2	0

“评价要素”得分＝配分×等级比值。

第 5 部分

理论知识考试模拟试卷及答案

汽车美容装潢工（五级）理论知识试卷

注 意 事 项

1. 考试时间：90 min。
2. 请首先按要求在试卷的标封处填写您的姓名、准考证号和所在单位的名称。
3. 请仔细阅读各种题目的回答要求，在规定的位置填写您的答案。
4. 不要在试卷上乱写乱画，不要在标封区填写无关的内容。

	一	二	总分
得分			

得分	
评分人	

一、判断题（第 1 题～第 60 题。将判断结果填入括号中。正确的填“√”，错误的填“×”。每题 0.5 分，满分 30 分）

1. 1885 年，德国人本茨研制成功一台四冲程小型单缸汽油机。（　）
2. 汽车会给人类社会带来能源危机、环境污染、交通事故等负面影响。（　）
3. 在 GB/T 3730.1—2001 分类方法中，已经取消了“轿车”这一称呼。（　）

4. 国产汽车的基本产品型号一般用两个汉语拼音字母表示企业代号，用数字表示汽车的特征。（　　）

5. 汽车尾翼的主要作用是能有效地减少轿车在高速行驶时的空气阻力并节省燃料。（　　）

6. 对乘员施加约束，使之避免在汽车发生碰撞时被车内物体撞击或被甩出车外是汽车安全防护装置的基本功能之一。（　　）

7. 轿车车身壳体由前车身、中间车身和后车身三大部分及相关构件组成。（　　）

8. 汽车被动安全性是指发生事故后，汽车本身减轻人员受伤和货物受损的性能。（　　）

9. 汽车尾翼又可称为汽车导流板。（　　）

10. 到20世纪70年代，汽车美容已经成为全球一大不可忽视的产业。（　　）

11. 倾听的定义为：通过视觉、听觉媒介吸收、接收和理解对方的思想、信息和情感的过程。（　　）

12. 发现新划痕时，一定要及时告知顾客，以取得沟通。（　　）

13. 在与顾客接触的过程中，应规范使用礼貌用语，在任何情况下都不得与顾客大声争执。（　　）

14. 通常新车在购置后应立即打蜡。（　　）

15. 水分子中的氢与空气中因燃料燃烧而产生的硫结合后会形成酸根，而这些酸性成分对汽车的漆面具有较强的腐蚀作用。（　　）

16. 汽车在室外停放应罩上车衣。（　　）

17. 具有良好的防锈作用是涂装底漆层不可缺少的原因之一。（　　）

18. 涂料具有色彩鲜明、保持性差、涂装方便等特点。（　　）

19. 烘烤干燥型涂料的干燥，是靠成膜物质在高温作用下起交联反应固化成膜。（　　）

20. 中涂层应具有良好的填平性，能封闭底漆层上的小缺陷。（　　）

21. 水性金属闪光漆的施工必须有恒温恒湿条件，一般施工温度为22～28℃。（　　）

22. 汽车在日常运行过程中产生的交通膜是漆面失光的主要原因之一。（　　）

23. 金属漆受损后可能会产生一种非常细微的裂纹，这种现象叫做龟裂。（　　）

24. 平绒和天鹅绒是同一种面料，只是名称不同。（　）

25. 水牛皮革毛孔细小，呈圆形，分布均匀紧密，毛孔伸向里面，革面丰满光亮，皮板柔软，纹理细密结实，手感坚实而富有弹性。（　）

26. 汽车的仪表台等构件都是用热塑性塑料制成的。（　）

27. 驾驶室内壁的原始颜色是生产厂商在设计时经过反复论证、充分优选后才确定下来的，在美容装潢过程中不应随意改变它。（　）

28. 仪表台和空调（开关及出风口）一般多用塑胶材料制成。（　）

29. 对于汽车座椅，不能随意增减材料或改变其结构。（　）

30. 汽车坐（枕）垫的选取可遵循经济原则、实用原则和安全原则。（　）

31. 采用纯溅射金属着色的方法使汽车防爆膜具有的金属色称为自然色。（　）

32. 汽车轮胎一般由橡胶、钢丝、尼龙丝、聚酯纤维、炭黑及橡胶添加剂等组成。（　）

33. 子午线轮胎不易穿刺，不易爆胎。（　）

34. 无内胎轮胎与一般轮胎的不同之处在于没有内胎，空气直接压入外胎中，因此轮胎与轮辋间需有很好的密封。（　）

35. 汽车前风挡玻璃及驾驶员视线范围内的其他玻璃，透射比应不低于70%。（　）

36. 前风挡玻璃可以使用钢化玻璃。（　）

37. 在相对湿度较高的地区（如沿海地区），腐蚀会加快。（　）

38. 汽车清洗就是为了使汽车清洁亮丽、光亮如新。（　）

39. 自来水或符合标准的循环水都可以用来清洗汽车。（　）

40. 初学者在使用专用设备清洗汽车时，如果能用高速的就不用低速的。（　）

41. 汽车清洗前对污渍的检查不只是为了明确要采用的清洗工艺。（　）

42. 手工水冲淋清洗在浸润工序中水枪应调节成柱状水流。（　）

43. 车辆擦干时，要用洗净拧干的小毛巾对折平铺裹紧整个右手手掌，再用左手抓紧毛巾四边，同时将左手压在右手手背上进行操作。（　）

44. 擦拭玻璃时，不可使用已擦洗过油漆表面的车巾或麂皮。（　）

45. 洗车一定要用活水（即流动或经过处理的循环水）。（　）

46. 汽车的交通膜用一般清洗剂就能将其彻底清除。（　　）

47. 除蜡清洗剂与新车开蜡清洗剂基本相同，可相互替代使用。（　　）

48. 由于封漆蜡所含油脂成分较多，尘埃特别容易黏附于车身表面。（　　）

49. 汽水混合洗车就是利用均匀的雾状喷流结合清水或特制的洗车液，从而达到清洗车辆的目的。（　　）

50. 全自动洗车时，车辆进入洗车房后不能将引擎熄灭。（　　）

51. 使用全自动洗车机前，首先要清理机器四周场地上的杂物。（　　）

52. 仪表台清洁剂一般不可喷涂在转向盘、座椅支撑处等部位。（　　）

53. 内室清洗的护理对象主要是车内篷壁、地板、木质装饰、座椅垫、倒车镜、安全带、车内空调出风口等部位。（　　）

54. 内室清洁操作时要遵循“自下而上、自前而后”的原则。（　　）

55. 车内顶篷的污渍大多为吸附的烟雾、粉尘及人体头部油脂等。（　　）

56. 后风挡玻璃内侧有除霜栅格，应使用风挡玻璃抛光剂进行处理。（　　）

57. 清洁汽车排挡区时应留意清除挡头和驻车制动杆上的人体油脂类污渍。（　　）

58. 清洗地毯时，应放入水中浸泡后再进行刷洗。（　　）

59. 清洁纤维织物，首先应恢复其本来面貌。（　　）

60. 最好使用烘烤等方法来加快制品的干燥速度。（　　）

得分	
评分人	

二、单项选择题（第 1 题～第 70 题。选择一个正确的答案，将相应的字母填入题内的括号中。每题 1 分，满分 70 分）

1. 本茨和（　　）被称为“汽车之父”。

A. 福特　　B. 古诺　　C. 戴姆勒　　D. 奥托

2. 活塞式内燃机汽车根据其使用燃料不同，通常分为（　　）和柴油车。

A. 内燃车　　B. 蒸汽车　　C. 电动车　　D. 汽油车

3. 下列代号中表示第一汽车制造厂的是（　　）。

A. EQ　　B. CA　　C. CQ　　D. SK

4. VIN车辆识别代码由（　　）组成，其中第一部分是世界制造厂识别代号。

A. 三个部分　　B. 四个部分　　C. 五个部分　　D. 两个部分

5. 汽车售后服务4S形式为：整车销售、售后服务、零件供应和（　　）。

A. 信息反馈　　B. 汽车维修　　C. 汽车护理　　D. 汽车装潢

6. （　　）是车身漆面在高速行驶时受到风沙的不断摩擦，长期积累下来的纹痕。

A. 交通膜　　B. 漆面退色　　C. 漆面氧化　　D. 太阳纹

7. 良好的仪容仪表能够体现多种意义，但不包括（　　）。

A. 员工的自尊自爱　　B. 对岗位工作高度的责任感与事业心

C. 对顾客的尊重　　D. 穿着体面精神

8. 为提高工作质量，汽车美容装潢从业人员应当选择使用（　　）的服装样式。

A. 拉链　　B. 塑料纽扣

C. 带门襟的塑料纽扣　　D. 拷纽

9. 在服务行业，"礼貌用语十个字"是：您好、请、谢谢、（　　）、再见。

A. 对不起　　B. 干什么　　C. 下次见　　D. 不客气

10. 当由专职司机开车时，贵宾应坐在轿车（　　）。

A. 驾驶员边上　　B. 后排右侧　　C. 后排中间　　D. 后排任意位置

11. 当希望用问题引导对方接受你的意见时，最好用（　　）的问题来进行提问。

A. 范围较宽　　B. 范围较窄　　C. 较为间接　　D. 较为温和

12. 接待员要详细填写（　　），安排员工作业，服务项目填写清楚、明确，尽量避免顾客与技师等操作人员发生误会。

A. 库存卡　　B. 派工单　　C. 领料单　　D. 账单

13. 下列选项中，（　　）不是咨询接待的注意事项。

A. 顾客的消费能力　　B. 消费的决定权

C. 顾客的职业　　D. 顾客的真实需要

14. 车辆漆面损伤最大部位依次是（　　）。

A. 发动机罩→车顶→行李箱盖→车门

B. 发动机罩→车顶→车门→行李箱盖

C. 发动机罩→车门→行李箱盖→车顶

D. 车顶→发动机罩→行李箱盖→车门

15. 新车内的有害气体一般要在（　　）个月后才能基本散尽。

A. 3　　B. 6　　C. 9　　D. 12

16. 下列选项中，（　　）物品最易因摩擦而产生静电。

A. 纯棉类　　B. 毛料类　　C. 化纤类　　D. 麻类

17. 对油漆表面的浅划痕，在汽车美容作业中一般采用（　　）的方法加以处理。

A. 打蜡　　B. 抛光研磨　　C. 局部喷涂　　D. 修补笔修补

18. 漆面无明显划痕，用放大镜观察漆面斑点较小，这类失光大多是（　　）所致。

A. 透镜效应　　B. 洗车不当　　C. 氧化还原反应　　D. 蚀痕损伤

19. 当汽车漆面出现划痕、破损及严重腐蚀失光等现象时，可采用（　　）的方法来恢复汽车漆面的光彩。

A. 打蜡　　B. 抛光研磨　　C. 喷涂工艺　　D. 修补笔修补

20. 水痕纹一般呈环状，这是由于（　　）所留下的痕迹。

A. 水滴蒸发　　B. 鸟粪腐蚀　　C. 车身静电　　D. 使用劣质车蜡

21. 传统工艺生产的油漆成分中有害程度较小的是（　　）。

A. 碳氢化合物　　B. 乙醚　　C. 苯　　D. 甲醇

22. 有些油漆被称为“金属漆”，这是由于在这种漆里掺配了（　　）。

A. 碎云母片　　B. 高分子材料　　C. 闪光颜料　　D. 金属粉末

23. 中涂层应具有良好的（　　），能封闭底漆层上的小缺陷。

A. 填平性　　B. 热塑性　　C. 热固性　　D. 还原性

24. 优质防爆膜的隔热率一般为（　　）。

A. 50%左右　　B. 60%左右　　C. 70%以上　　D. 40%左右

25. 下列选项中，（　　）不属于防爆隔热膜的功能。

A. 加热　　B. 改变色调　　C. 提高防爆性能　　D. 抵御紫外线

26. 汽车仪表台上能放置的实用类物品是（　　）。

A. 变速杆套　　B. 汽车钟

C. 饮料食物便利袋　　D. 收纳便利袋

27. 车内饰品的选用原则为：美观原则、协调原则和（　）。

A. 经济原则　　B. 实用原则　　C. 安全原则　　D. 牢固原则

28. 汽车安全带的织带必须有足够的（　）和一定的伸长量。

A. 抗断裂强度　　B. 长度　　C. 高度　　D. 跨度

29. 在输出功率相同的情况下，汽车功放系统的电流与家用功放相比（　）。

A. 稍小　　B. 大很多　　C. 差不多　　D. 小得多

30. 一般情况下，功放的输出功率应（　）扬声器的指示功率。

A. 大于　　B. 小于　　C. 等于　　D. 不考虑

31. 按压座椅表面，若（　），那么这就是真皮座椅。

A. 有许多细微的线条伸展开去　　B. 有少数皱褶

C. 基本平整　　D. 有许多同心圆

32. 天窗的驱动机构主要由电动机、传动齿轮、（　）等组成。

A. 滑动线缆　　B. 电子芯片　　C. 橡胶密封条　　D. 导向槽

33. 一般国产卤素灯出厂时的色温约为（　）K。

A. 2 500　　B. 3 000　　C. 3 500　　D. 2 000

34. 汽车闪烁式转向信号灯与前小灯合成一体时，一般采用（　）灯泡。

A. 双丝　　B. 单丝　　C. 氙气灯　　D. 石英灯

35. 汽车上的红色灯通常表示（　）之意。

A. 紧急或危险　　B. 警示　　C. 照明　　D. 警示与照明

36. 汽车玻璃密封条的材质应具有良好的耐候性、（　）、耐磨性、吸水率低等性能。

A. 污染性　　B. 非污染性　　C. 结构简单　　D. 操作方便

37. 润滑材料的残留物、碳化沉积物、（　）和老化涂层的残留物等往往具有很高的附着力。

A. 泥土　　B. 锈蚀物　　C. 沙粒　　D. 灰尘

38. 下列选项中，（　）不属于需及时清洗汽车的情况。

A. 停放在工地被水泥溅及

B. 行驶途中被粉刷路灯的油漆所波及

C. 行驶途中被道路维修工程的柏油所波及

D. 连续雨天

39. 采用高压水清洗汽车，对车身危害最大的是水中的（　　）。

A. 固体悬浮物　　B. 浊度　　C. 色度　　D. 细菌

40. 清洗车辆时，必须遵循“取稳避难、取轻避重、取专业避零售和（　　）”等原则。

A. 取精细避粗糙　　B. 取简避繁

C. 取近避远　　D. 取经济避奢侈

41. 对顾客要求打蜡的汽车，应（　　）。

A. 脱蜡清洗　　B. 不脱蜡清洗

C. 用水管边冲水边擦洗　　D. 用水管冲洗

42. 清洗一辆较脏的汽车时，开始水枪压力最好控制在（　　）MPa。

A. 0.2～0.4　　B. 0.4～0.6　　C. 0.6～0.7　　D. 0.7～0.8

43. 为了减少炫目，在车外后视镜上常涂有一层特殊的（　　），洗车时不能损坏它。

A. 蜡　　B. 玻璃水　　C. 光洁剂　　D. 薄膜

44. 使用塑料片去除车窗上的冰雪时，应慢慢（　　）。

A. 呈圆弧形推动　　B. 上下来回刮动

C. 顺着同一方向推动　　D. 左右来回刮动

45. 发动机去油剂均匀地喷涂到温热的发动机表面后，需静置（　　）min 后再用 40℃温水冲洗。

A. 3　　B. 20　　C. 4　　D. 5～10

46. 在静电层上打蜡会使车蜡的附着力（　　）。

A. 增强　　B. 减弱　　C. 变化不大　　D. 丧失

47. 交通膜是由于（　　）作用而在车辆表面形成的一层坚硬且灰蒙蒙的薄膜。

A. 氧化　　B. 静电的吸附　　C. 油污的凝结　　D. 污渍的化合

48. 除蜡清洗剂稀释后喷涂于汽车表面，停留（　　）min 后再清洗。

A. 1　　B. 2　　C. 3～5　　D. 6

49. 汽车封漆蜡属于一种（　　）。

A. 低档蜡　　B. 砂蜡　　C. 增艳蜡　　D. 水蜡

50. 蒸汽清洗装置的效率取决于液流的能量、（　　）和洗涤剂的活性。

A. 压力　　B. 速度　　C. 温度　　D. 功率

51. 轿车进入全自动洗车房时，发动机（　　），挂挡置于停车挡并提驻车制动杆。

A. 点火　　B. 熄火　　C. 怠速　　D. 急停

52. 常用的车用香品按使用方式来划分，主要有喷雾式、泼洒式和（　　）等。

A. 陶瓷式　　B. 溶剂式　　C. 自然挥发式　　D. 颗粒式

53. 除了能清除车内异味外，（　　）车用香品还能起到杀灭细菌的作用。

A. 所有　　B. 部分优质　　C. 没有一种　　D. 绝大部分

54. 内装饰材料中含有的（　　）是新车内室最大的污染源。

A. 丙醇、甲醛、丙酮、二甲苯等物质

B. 苯、丙醇、丙酮、二甲苯等物质

C. 苯、甲醛、丙酮、丙醇等物质

D. 苯、甲醛、丙酮、二甲苯等物质

55. 汽车内室中不能对（　　）进行喷蜡操作。

A. 空调风口　　B. 组合仪表　　C. 手套箱　　D. CD 机

56. 镀铬件的翻新作业按零件的镀层状况可分为（　　）和维护翻新。

A. 上光保护翻新　　B. 失光翻新

C. 镀铬翻新　　D. 去污翻新

57. 人造革是由（　　）和一些添加剂混合，经机械化学处理复合后制成的产品。

A. 天然皮革的碎片　　B. 聚丙烯

C. 聚氨酯　　D. 聚氯乙烯

58. 不能在车内材料上使用的物质是（　　）。

A. 多功能清洁柔顺剂　　B. 气雾型清洁剂

C. 真皮保护剂　　D. 汽油

59. 清除口香糖残渣时，先用（　　）使口香糖硬化，然后用刀片轻轻刮除。

A. 丙酮　　B. 乙醚　　C. 冰块　　D. 烘烤

60. 真皮制品（　　）用水清洗。

A. 可以　　B. 不能

C. 如果附着油性污渍可以　　D. 如果附着水性污渍可以

61. 清洁纤维制品的主要目的就是要保持或恢复纤维性材料本身的（　　）。

A. 实用性　　B. 美观性　　C. 柔顺性　　D. 透气性

62. 一般用（　　）去除置物箱及汽车收音机周边的污渍，并擦拭干净。

A. 无纺布　　B. 棉签　　C. 吸尘器　　D. 百洁布

63. 一次完整的封釉美容共有五道工序，依次是（　　）。

A. 中性清洗→黏土打磨→深度清理→振抛封釉→无尘打磨

B. 黏土打磨→中性清洗→深度清理→振抛封釉→无尘打磨

C. 黏土打磨→深度清理→中性清洗→振抛封釉→无尘打磨

D. 无尘打磨→中性清洗→黏土打磨→深度清理→振抛封釉

64. 封釉美容的基本原理是：依靠振抛技术将釉剂反复深入地压进漆面纹理中，形成一层独特的（　　）。

A. 网状保护膜　　B. 块状保护膜

C. 镀膜　　D. 氧化层

65. 上蜡时要按（　　）方式进行涂抹。

A. 直线　　B. 斜线　　C. 画圈　　D. 交叉

66. 当用手背触摸车身感觉不光滑时，就需进行（　　）。

A. 镀膜　　B. 打蜡　　C. 抛光　　D. 封釉

67. 在选择车蜡时，浅颜色的漆面应选用银色、白色或（　　）系列的车蜡。

A. 绿色　　B. 珍珠色　　C. 黑色　　D. 红色

68. 下列选项中，（　　）不用送修理厂处理。

A. 漆面有轻微划痕

B. 漆面无法抛光还原

C. 漆面出现较大面积的深度划痕

D. 漆面出现大部分破损

69. 当待涂装表面产生氧化现象、处理不彻底或有石蜡等物质存在时，会引起涂层（　　）。

A. 起皱　　B. 出现鱼眼　　C. 起泡　　D. 脱落

70. 把面积较大但只是轻微刮伤汽车表层面漆而未刮透面漆层的伤害称为（　　）小伤。

A. 轻度　　B. 中度　　C. 深度　　D. 重度

汽车美容装潢工（五级）理论知识试卷答案

一、判断题（第 1 题～第 60 题。将判断结果填入括号中。正确的填“√”，错误的填“×”。每题 0.5 分，满分 30 分）

1. √　2. √　3. √　4. √　5. √　6. √　7. √　8. √　9. √
10. ×　11. √　12. √　13. √　14. ×　15. √　16. ×　17. √　18. ×
19. √　20. √　21. √　22. √　23. √　24. ×　25. ×　26. √　27. √
28. √　29. √　30. √　31. √　32. √　33. √　34. √　35. √　36. ×
37. √　38. ×　39. √　40. ×　41. ×　42. ×　43. √　44. √　45. √
46. ×　47. ×　48. √　49. √　50. ×　51. √　52. √　53. √　54. ×
55. √　56. ×　57. √　58. ×　59. √　60. ×

二、单项选择题（第 1 题～第 70 题。选择一个正确的答案，将相应的字母填入题内的括号中。每题 1 分，满分 70 分）

1. C　2. D　3. B　4. A　5. A　6. D　7. D　8. C　9. A
10. B　11. B　12. B　13. C　14. A　15. B　16. C　17. B　18. C
19. C　20. A　21. A　22. D　23. A　24. C　25. A　26. B　27. C
28. A　29. B　30. A　31. A　32. A　33. B　34. A　35. A　36. B
37. B　38. D　39. A　40. A　41. A　42. A　43. D　44. C　45. D
46. B　47. B　48. C　49. A　50. C　51. B　52. C　53. B　54. D
55. D　56. A　57. C　58. D　59. C　60. B　61. C　62. C　63. A
64. A　65. A　66. B　67. B　68. A　69. A　70. B

第 6 部分

操作技能考核模拟试卷

注 意 事 项

1. 考生根据操作技能考核通知单中所列的试题做好考核准备。

2. 请考生仔细阅读试题单中具体考核内容和要求，并按要求完成操作或进行笔答或口答，若有笔答请考生在答题卷上完成。

3. 操作技能考核时要遵守考场纪律，服从考场管理人员指挥，以保证考核安全顺利进行。

注：操作技能鉴定试题评分表及答案是考评员对考生考核过程及考核结果的评分记录表，也是评分依据。

国家职业资格鉴定

汽车美容装潢工（五级）操作技能考核通知单

姓名：

准考证号：

考核日期：

试题 1

试题代码：1.1.1。

试题名称：汽车漆面受损情况的识别。

考核时间：2 min。

配分：6 分。

试题 2

试题代码：1.2.1。

试题名称：汽车内部常用材料的识别。

考核时间：2 min。

配分：6 分。

试题 3

试题代码：1.5.1。

试题名称：汽车轮胎的识别。

考核时间：2 min。

配分：6 分。

试题 4

试题代码：1.7.1。

试题名称：汽车玻璃及灯具的识别。

考核时间：2 min。

配分：6 分。

试题 5

试题代码：2.1.1。

试题名称：汽车外部清洗。

考核时间：16 min。

配分：20 分。

试题 6

试题代码：2.2.1。

试题名称：汽车内室篷壁清洗。

考核时间：8 min。

配分：10 分。

试题 7

试题代码：2.4.1。

试题名称：汽车座椅清洗。

考核时间：8 min。

配分：10 分。

试题 8

试题代码：3.1.1。

试题名称：汽车漆面的研磨抛光。

考核时间：8 min。

配分：15 分。

试题 9

试题代码：3.2.1。

试题名称：汽车漆面的手工上蜡。

考核时间：6 min。

配分：10 分。

试题 10

试题代码：3.3.1。

试题名称：汽车漆面柏油的清除。

考核时间：2 min。

配分：5 分。

试题 11

试题代码：4.1.1。

试题名称：清洗设备的使用与维护。

考核时间：4 min。

配分：2 分。

试题 12

试题代码：4.2.1。

试题名称：常用辅助工具的使用与维护。

考核时间：2 min。

配分：2 分。

试题 13

试题代码：4.3.1。

试题名称：消防安全。

考核时间：2 min。

配分：2 分。

汽车美容装潢工（五级）操作技能鉴定

试　题　单

试题代码：1.1.1。

试题名称：汽车漆面受损情况的识别。

考核时间：2 min。

1. 操作条件

6 种由不同原因造成漆面受损的样板：漆面氧化损伤、漆面龟裂损伤、漆面退色损伤、漆面水痕（纹）损伤、漆面蚀痕损伤、深划痕损伤。

2. 操作内容

在 6 种由不同原因造成漆面受损的样板中随机抽取 5 种，说出漆面受损的名称、特征及受损原因。

3. 操作要求

完整、正确地说出漆面受损的名称、特征及受损原因。

汽车美容装潢工（五级）操作技能鉴定

试题评分表及答案

考生姓名：　　　　　　　　　准考证号：

试题代码及名称	1.1.1　汽车漆面受损情况的识别						考核时间			2 min
评价要素	配分	等级	评分细则	评定等级					得分	
				A	B	C	D	E		
在6种由不同原因造成漆面受损的样板中随机抽取5种，说出漆面受损的名称、特征及受损原因	6	A	正确答出全部5种，熟练							
		B	正确答出全部5种，不够熟练							
		C	能答对其中的3～4种							
		D	能答对其中的1～2种							
		E	差或未答题							
合计配分	6	合计得分								

考评员（签名）：

等级	A（优）	B（良）	C（及格）	D（较差）	E（差或未答题）
比值	1.0	0.8	0.6	0.2	0

“评价要素”得分＝配分×等级比值。

参考答案：

（1）漆面氧化损伤的特征及受损原因。漆面无明显划痕，用放大镜观察漆面斑点较小。如用肉眼观察，可以看到此时受损部位的车漆发乌、发白、无光泽，这类失光大多是氧化还原反应所致。

（2）漆面龟裂损伤的特征及受损原因。金属漆在受损后会产生一种非常细微的裂纹，它会不断地渗入车漆，直至“击穿”整个色漆层，这种现象叫做龟裂，一般发生在金属漆上。

（3）漆面退色损伤的特征及受损原因。大气层中的油烟和污染物是造成车漆退色、变色的主要原因，这种退色与氧化有着明显的区别。氧化时，车漆发乌、发白；而退色时，车漆则会出现不均匀的色差。

（4）漆面水痕（纹）损伤的特征及受损原因。水痕纹一般呈环状，是由水滴蒸发后留下的痕迹，水痕中残留的化学物质在车体升温时（阳光下）会继续与车漆发生化学反应，从而加重对漆面的损坏。

（5）漆面蚀痕损伤的特征及受损原因。水痕损伤与蚀痕损伤的区别是：水痕现象发生在水珠周边的一圈，呈环形，也叫环状腐蚀；蚀痕则是由整个水迹连成的一片，而不是一圈。

（6）深划痕损伤的特征及受损原因。划痕深浅是以划伤部位是否露出底漆来区分的，凡露出底漆即为深划痕。

汽车美容装潢工（五级）操作技能鉴定

试　题　单

试题代码：1.2.1。

试题名称：汽车内部常用材料的识别。

考核时间：2 min。

1. 操作条件

（1）1 种黄牛头层皮。

（2）1 种水牛头层皮。

（3）4 种其他动物皮。

（4）3 种纤维材料。

2. 操作内容

在 1 种黄牛头层皮、1 种水牛头层皮、4 种其他动物皮、3 种纤维材料中随机抽取 5 种，说出材料名称及识别依据。

3. 操作要求

完整、正确地说出材料名称及识别依据。

汽车美容装潢工（五级）操作技能鉴定

试题评分表及答案

考生姓名：　　　　　　　　准考证号：

试题代码及名称	1.2.1　汽车内部常用材料的识别			考核时间		2 min			
评价要素	配分	等级	评分细则	评定等级					得分
				A	B	C	D	E	
在1种黄牛头层皮、1种水牛头层皮、4种其他动物皮、3种纤维材料中随机抽取5种，说出材料名称及识别依据	6	A	正确答出全部5种，熟练						
		B	正确答出全部5种，不够熟练						
		C	能答对其中的3～4种						
		D	能答对其中的1～2种						
		E	差或未答题						
合计配分	6	合计得分							

考评员（签名）：

等级	A（优）	B（良）	C（及格）	D（较差）	E（差或未答题）
比值	1.0	0.8	0.6	0.2	0

“评价要素”得分＝配分×等级比值。

参考答案：

（1）黄牛皮革的识别依据。黄牛皮革毛孔细小，呈圆形，分布均匀紧密，毛孔伸向里面，革面丰满光亮，皮板柔软，纹理细密结实，手感坚实而富有弹性。

（2）水牛皮革的识别依据。水牛皮革皮层表面凹凸不平，革面粗糙，毛孔较为粗大且稀少。

（3）猪皮革的识别依据。猪皮革毛孔粗大，一个毛孔三根毛，呈三角形排列，毛孔相距较远，皮层表面不太平整，革面粗糙，柔软性差。

（4）山羊皮革的识别依据。山羊皮革面纹路是在圆弧上排列2～4个粗毛孔，周围有大量绒毛孔。

（5）绵羊皮革的识别依据。绵羊皮革皮板薄，手感柔软，毛孔细小，呈扁圆形，由几个毛孔构成一个组，排成长列，分布很均匀，但不结实。

（6）马皮革的识别依据。马皮革毛孔呈椭圆形，不明显，比牛皮革毛孔略大，斜入皮革内呈山脉形状有规律排列，革面松而软，色泽昏暗。

（7）天鹅绒的识别依据。天鹅绒的生产方式与地毯制品相同，背衬材质通常是棉布、人造丝，有时还选用尼龙。制作时，以背衬材质为基底将成千上万个小环织进背衬。织到一定程度后，剪断环的顶部，让单个绒头竖立，使其具有独特的、美丽的外观和触感。

（8）马海毛的识别依据。马海毛是100％的纯羊毛，一般有两种纺织方法：平的和拉毛的。拉毛的织法与天鹅绒相同，外观上也相近，只是显得粗糙些。马海毛比其他织物具有更强的抗虫蛀能力，且比其他材质的织物更耐用。

（9）考场随机提供另一种纤维材料。

汽车美容装潢工（五级）操作技能鉴定

试　题　单

试题代码：1.5.1。

试题名称：汽车轮胎的识别。

考核时间：2 min。

1. 操作条件

7 种轮胎：无轮辋有内胎轮胎、无轮辋无内胎轮胎、轿车斜交轮胎、轿车子午线轮胎、越野车轮胎、轻型载货汽车普通断面斜交轮胎、轻型载货汽车公制子午线轮胎。

2. 操作内容

在 7 种轮胎中随机抽取 5 种，并按下列要求进行识别：

（1）对所提供的无轮辋有内胎轮胎，说出其名称。

（2）对所提供的无轮辋无内胎轮胎，说出其名称。

（3）对所提供的轿车斜交轮胎，说出其名称，并根据其侧面的编码说出其规格型号。

（4）对所提供的轿车子午线轮胎，说出其名称，并根据其侧面的编码说出其规格型号。

（5）对所提供的越野车轮胎，说出其名称。

（6）对所提供的轻型载货汽车普通断面斜交轮胎，说出其名称。

（7）对所提供的轻型载货汽车公制子午线轮胎，说出其名称。

3. 操作要求

完整、正确地口述。

汽车美容装潢工（五级）操作技能鉴定

试题评分表及答案

考生姓名：　　　　　　　　　准考证号：

试题代码及名称	1.5.1　汽车轮胎的识别			考核时间				2 min	
评价要素	配分	等级	评分细则	评定等级					得分
				A	B	C	D	E	
在 7 种轮胎中随机抽取 5 种，按要求进行识别	6	A	正确答出全部 5 种，熟练						
		B	正确答出全部 5 种，不够熟练						
		C	能答对其中的 3～4 种						
		D	能答对其中的 1～2 种						
		E	差或未答题						
合计配分	6	合计得分							

考评员（签名）：

等级	A（优）	B（良）	C（及格）	D（较差）	E（差或未答题）
比值	1.0	0.8	0.6	0.2	0

“评价要素”得分＝配分×等级比值。

参考答案：

（1）对所提供的无轮辋有内胎轮胎，说出其名称：无轮辋有内胎轮胎。

（2）对所提供的无轮辋无内胎轮胎，说出其名称：无轮辋无内胎轮胎。

（3）对所提供的轿车斜交轮胎，说出其名称：轿车斜交轮胎，并根据其侧面的编码说出其规格型号。

（4）对所提供的轿车子午线轮胎，说出其名称：轿车子午线轮胎，并根据其侧面的编码说出其规格型号。

（5）对所提供的越野车轮胎，说出其名称：越野花纹轮胎。

（6）对所提供的轻型载货汽车普通断面斜交轮胎，说出其名称：轻型载货汽车普通断面斜交轮胎。

（7）对所提供的轻型载货汽车公制子午线轮胎，说出其名称：轻型载货汽车公制子午线轮胎。

汽车美容装潢工（五级）操作技能鉴定

试　题　单

试题代码：1.7.1。

试题名称：汽车玻璃及灯具的识别。

考核时间：2 min。

1. 操作条件

（1）2 种汽车玻璃：钢化玻璃、夹层玻璃。

（2）5 种车灯：前照灯、示宽灯、雾灯、顶灯、阅读灯。

2. 操作内容

在 2 种汽车玻璃和 5 种车灯中随机抽取 5 种，说出其名称及用途。

3. 操作要求

完整、正确地说出玻璃、车灯的名称及用途。

汽车美容装潢工（五级）操作技能鉴定

试题评分表及答案

考生姓名：　　　　　　　　准考证号：

试题代码及名称	1.7.1　汽车玻璃及灯具的识别			考核时间			2 min		
评价要素	配分	等级	评分细则	评定等级					得分
				A	B	C	D	E	
在2种汽车玻璃和5种车灯中随机抽取5种，说出其名称及用途	6	A	正确答出全部5种，熟练						
		B	正确答出全部5种，不够熟练						
		C	能答对其中的3～4种						
		D	能答对其中的1～2种						
		E	差或未答题						
合计配分	6		合计得分						

考评员（签名）：

等级	A（优）	B（良）	C（及格）	D（较差）	E（差或未答题）
比值	1.0	0.8	0.6	0.2	0

“评价要素”得分＝配分×等级比值。

参考答案：

（1）对所提供的钢化玻璃，说出其名称：钢化玻璃，主要用于汽车车门玻璃。

（2）对所提供的夹层玻璃，说出其名称：夹层玻璃，主要用于汽车前后风挡玻璃。

（3）前照灯（又称大灯），一般用于车辆前方道路的照明。

（4）示宽灯（又称小灯），用于夜间和雾天，标示停车或行驶汽车轮廓，也适用于城市照明，有的还能标示高度。

（5）雾灯，一般用于雾天照明。

（6）顶灯，一般用于汽车内室照明。

（7）阅读灯，一般用于乘员座位处的局部照明。

汽车美容装潢工（五级）操作技能鉴定

试　题　单

试题代码：2.1.1。

试题名称：汽车外部清洗。

考核时间：16 min。

1. 操作条件

轿车 1 辆、移动式清洗机 1 台、泡沫机 1 台、洗车毛巾等工具、水源及排污水管道。

2. 操作内容

使用移动式清洗机对一辆轿车的车体、风挡玻璃等处以正确的水温、水压，按正确的程序进行清洗（不含车顶部分）。

3. 操作要求

完成后汽车外部应无尘土、无污渍、无水痕，玻璃光亮如新。

汽车美容装潢工（五级）操作技能鉴定

试题评分表及答案

考生姓名：　　　　　　　　　　准考证号：

试题代码及名称	2.1.1　汽车外部清洗								考核时间	16 min
评价要素	配分	等级	评分细则	评定等级					得分	
				A	B	C	D	E		
使用移动式清洗机对一辆轿车的车体、风挡玻璃等处以正确的水温、水压，按正确的程序进行清洗（不含车顶部分）。完成后汽车外部应无尘土、无污渍、无水痕，玻璃光亮如新	20	A	操作熟练，工艺程序正确，清洗质量优良							
		B	工艺程序正确，清洗质量较好							
		C	工艺程序有个别错误，清洗质量一般							
		D	工艺程序有部分错误，清洗质量较差							
		E	差或未答题							
合计配分	20		合计得分							

考评员（签名）：

等级	A（优）	B（良）	C（及格）	D（较差）	E（差或未答题）
比值	1.0	0.8	0.6	0.2	0

"评价要素"得分＝配分×等级比值。

参考答案：

（1）清洗程序。清洗时应遵循自上而下、先首后尾的操作原则。采用顺时针清洗（也可逆时针清洗）时的操作程序如下：车顶→前风挡玻璃→机盖→左翼子板→中网及车灯→前保险杠→右翼子板→右前轮→右前门→右后门→右后轮→右后部→后风挡玻璃→后机盖→后边（后保险杠、牌照及车灯）→左后部→左后门→左后轮→左前门→左前轮。

（2）清洗水压。第一遍冲洗时应采用雾状水流或扇形喷嘴，水枪的清洗压力应控制在0.2～0.4 MPa。冲洗汽车轮胎、底盘等处时，可采用柱状水，压力可再高些。如调压不便，可观察考生是否通过调节喷枪与目的物之间的距离来实现对水压的控制。

（3）擦干操作。擦干顺序与清洗程序相似，但车顶擦干不作考核。

（4）擦干手法。擦干手法为：将洗净拧干的小毛巾对折平铺裹紧整个右手手掌，再用左手抓紧毛巾四边，同时将左手压在右手手背上进行擦干。擦干时应先擦拭所能触及范围的四个边，收边后手掌再以横向运动的方式进行擦干。此时要一掌接一掌地横擦，横擦时两脚要呈八字弓步站稳于车旁；同时，腰身要正，视线要紧盯所擦之处，手掌要有力。

（5）毛巾分开。擦拭装饰线以下部分时，要将毛巾分开使用，即前后左右为一块毛巾，四个轮毂为一块毛巾。

（6）操作要点。高压冲洗前，须检查车窗、前后盖板是否关闭良好。冲洗车辆时，不要将水冲进钥匙孔。清洗发动机室时，不要将水溅到分电器、点火线圈等电气系统的零件上。

（7）清洗质量。漆面及外部饰件应无尘土、无污渍、无水痕，玻璃光亮如新，无新的划痕。

汽车美容装潢工（五级）操作技能鉴定

试 题 单

试题代码：2.2.1。

试题名称：汽车内室篷壁清洗。

考核时间：8 min。

1. 操作条件

轿车 1 辆、轿车内室篷壁清洗毛巾与清洁剂、吸尘器 1 台。

2. 操作内容

在轿车内室篷壁处随机选择一块大小约为 500 mm×500 mm 的地方进行清洗。

3. 操作要求

完成后被清洗部分应无污渍遗留痕迹并无因清洗而造成的损伤。

汽车美容装潢工（五级）操作技能鉴定

试题评分表及答案

考生姓名：　　　　　　　　　　准考证号：

试题代码及名称	2.2.1　汽车内室篷壁清洗			考核时间			8 min		
评价要素	配分	等级	评分细则	评定等级					得分
				A	B	C	D	E	
在轿车内室篷壁处随机选择一块大小约为 500 mm×500 mm 的地方进行清洗。完成后被清洗部分应无污渍遗留痕迹并无因清洗而造成的损伤	10	A	操作熟练，工艺程序正确，清洗质量优良						
		B	工艺程序正确，清洗质量较好						
		C	工艺程序有个别错误，清洗质量一般						
		D	工艺程序有部分错误，清洗质量较差						
		E	差或未答题						
合计配分	10	合计得分							

考评员（签名）：

等级	A（优）	B（良）	C（及格）	D（较差）	E（差或未答题）
比值	1.0	0.8	0.6	0.2	0

“评价要素”得分＝配分×等级比值。

参考答案（本题的操作要点）：

（1）用吸尘器吸除篷壁上的浮灰。

（2）用干净湿布擦拭，遇有较重污渍，可使用专用的清洁剂予以清除。

（3）清除污渍时，应从污渍边缘逐渐向中心擦拭。

（4）污渍清除干净后，另用一块干净的棉布顺着绒毛方向抹平，使其恢复原样。

（5）清洗时抹布不能太湿。

汽车美容装潢工（五级）操作技能鉴定

试　题　单

试题代码：2.4.1。

试题名称：汽车座椅清洗。

考核时间：8 min。

1. 操作条件

（1）轿车的座椅。

（2）清洗毛巾、长毛刷子、吸尘器、皮革清洁剂等。

2. 操作内容

对一辆轿车的座椅进行清洗。

3. 操作要求

完成后被清洗部分应无污渍遗留痕迹并无因清洗而造成的损伤。

汽车美容装潢工（五级）操作技能鉴定

试题评分表及答案

考生姓名：　　　　　　　　　　　准考证号：

试题代码及名称	2.4.1　汽车座椅清洗			考核时间			8 min		
评价要素	配分	等级	评分细则	评定等级					得分
				A	B	C	D	E	
对一辆轿车的座椅进行清洗。完成后被清洗部分应无污渍遗留痕迹并无因清洗而造成的损伤	10	A	操作熟练，工艺程序正确，清洗质量优良						
		B	工艺程序正确，清洗质量较好						
		C	工艺程序有个别错误，清洗质量一般						
		D	工艺程序有部分错误，清洗质量较差						
		E	差或未答题						
合计配分	10	合计得分							

考评员（签名）：

等级	A（优）	B（良）	C（及格）	D（较差）	E（差或未答题）
比值	1.0	0.8	0.6	0.2	0

“评价要素”得分＝配分×等级比值。

参考答案（本题的操作要点）：

（1）用长毛刷子与吸尘器配合，一边刷座椅表面，一边用吸尘器的吸口把里面的灰尘及沙粒清除干净。

（2）用吸尘器清除坐垫上的灰尘。

（3）用软布将皮革表面擦拭干净。

（4）将皮革清洁剂均匀地喷于皮革表面，稍待片刻，用干净毛巾或软毛刷子仔细擦拭，直至污渍全部清除。

（5）注意对椅缝处的灰尘及污渍加以清除。

（6）将皮革上光保护剂均匀地喷于皮革表面，并用干净毛巾反复擦拭，直至光亮。

汽车美容装潢工（五级）操作技能鉴定

试 题 单

试题代码：3.1.1。

试题名称：汽车漆面的研磨抛光。

考核时间：8 min。

1. 操作条件

（1）1 块轿车翼子板（有面积约为 150 mm×300 mm 的细小划痕）或引擎盖。

（2）研磨抛光机，海绵抛光盘（黄、白色各 1 块），抛光剂，研磨剂。

2. 操作内容

对一块轿车翼子板或引擎盖上面积约为 150 mm×300 mm 的细小划痕进行抛光。

3. 操作要求

抛光后漆面光洁如新，无因抛光过度而伤及面漆的现象产生。

汽车美容装潢工（五级）操作技能鉴定

试题评分表及答案

考生姓名：　　　　　　　　　准考证号：

试题代码及名称	3.1.1　汽车漆面的研磨抛光			考核时间	8 min				
评价要素	配分	等级	评分细则	评定等级					得分
				A	B	C	D	E	
对一块轿车翼子板或引擎盖上面积约为 150 mm×300 mm 的细小划痕进行抛光。要求抛光后漆面光洁如新，无因抛光过度而伤及面漆的现象产生	15	A	操作熟练，工艺程序正确，研磨抛光质量优良						
		B	工艺程序正确，研磨抛光质量较好						
		C	工艺程序有个别错误，研磨抛光质量一般						
		D	工艺程序有部分错误，研磨抛光质量较差						
		E	差或未答题						
合计配分	15	合计得分							

考评员（签名）：

等级	A（优）	B（良）	C（及格）	D（较差）	E（差或未答题）
比值	1.0	0.8	0.6	0.2	0

“评价要素”得分＝配分×等级比值。

参考答案（本题的操作要点）：

（1）将抛光盘在清水中浸泡、润湿，并且用手把抛光盘吸附的水分挤掉，然后启动抛光机将抛光盘中的水分甩掉。

（2）取少量抛光剂喷于翼子板或引擎盖上，并选择好转速。

（3）使抛光盘平面与被抛光的漆面始终保持一小角度（约为 5°～15°），并掌握好力度进行抛光作业。

汽车美容装潢工（五级）操作技能鉴定

试　题　单

试题代码：3.2.1。

试题名称：汽车漆面的手工上蜡。

考核时间：6 min。

1. 操作条件

（1）300 mm×300 mm 的轿车前机盖 1 块或 200 mm×400 mm 的轿车后备箱盖 1 块。

（2）打蜡海绵 1 块、打蜡大毛巾 1 条、车蜡适量。

2. 操作内容

对一块轿车前机盖或后备箱盖进行上蜡操作。

3. 操作要求

打蜡时不能以画圆圈的方式进行。

汽车美容装潢工（五级）操作技能鉴定

试题评分表及答案

考生姓名：　　　　　　　　　　准考证号：

试题代码及名称	3.2.1　汽车漆面的手工上蜡					考核时间			6 min		
评价要素	配分	等级	评分细则	评定等级					得分		
				A	B	C	D	E			
对一块轿车前机盖或后备箱盖进行上蜡操作	10	A	操作熟练，工艺程序正确，护理质量优良								
		B	工艺程序正确，护理质量较好								
		C	工艺程序有个别错误，护理质量一般								
		D	工艺程序有部分错误，护理质量较差								
		E	差或未答题								
合计配分	10	合计得分									

考评员（签名）：

等级	A（优）	B（良）	C（及格）	D（较差）	E（差或未答题）
比值	1.0	0.8	0.6	0.2	0

“评价要素”得分＝配分×等级比值。

参考答案（本题的操作要点）：

（1）将适量的车蜡涂抹于专用的打蜡海绵上，然后在轿车前机盖或后备箱盖上往复直线涂抹，每道涂抹应与上道涂抹区域有 1/5～1/4 的重合度。

（2）上蜡时手的力度要均匀，用大拇指和小指夹住上蜡的海绵，以手掌和其余三个手指按住海绵，再按直线方式进行涂抹。

（3）在车蜡将干未干时用干净毛巾将车蜡打光。

（4）按汽车行驶方向（纵向）完成最后一道打光。

汽车美容装潢工（五级）操作技能鉴定

试 题 单

试题代码：3.3.1。

试题名称：汽车漆面柏油的清除。

考核时间：2 min。

1. 操作条件

（1）轿车的保险杠（其漆面上有柏油）。

（2）专用的柏油清洁剂、毛巾、棉签若干、清水。

2. 操作内容

对车身漆面上的柏油进行清除，并对该处漆面进行护理。

3. 操作要求

漆面柏油要清除干净。

汽车美容装潢工（五级）操作技能鉴定

试题评分表及答案

考生姓名：　　　　　　　　准考证号：

试题代码及名称	3.3.1　汽车漆面柏油的清除			考核时间	2 min				
评价要素	配分	等级	评分细则	评定等级					得分
				A	B	C	D	E	
对车身漆面上的柏油进行清除，并对该处漆面进行护理	5	A	操作熟练，工艺程序正确，清除质量优良，口述完整正确						
		B	工艺程序正确，清除质量较好，口述完整正确						
		C	工艺程序有个别错误，清除质量一般，口述基本正确						
		D	工艺程序有部分错误，清除质量较差，口述略有混乱						
		E	差或未答题						
合计配分	5	合计得分							

考评员（签名）：

等级	A（优）	B（良）	C（及格）	D（较差）	E（差或未答题）
比值	1.0	0.8	0.6	0.2	0

“评价要素”得分＝配分×等级比值。

参考答案（本题的操作要点）：

（1）在干净的布上蘸一点汽车专用的柏油清洁剂，轻轻涂抹于柏油处。

（2）静置片刻，等待车身上的柏油溶解。

（3）用干净的布擦拭溶解后的柏油。

（4）用清水清洗该处并擦拭干净后打蜡（口述）。

汽车美容装潢工（五级）操作技能鉴定

试 题 单

试题代码：4.1.1。

试题名称：清洗设备的使用与维护。

考核时间：4 min。

1. 操作条件

洗车污水循环回用设备、移动式清洗机、空气压缩机、微水洗车设备各 1 台。

2. 操作内容

在洗车污水循环回用设备、移动式清洗机、空气压缩机、微水洗车设备中随机选取 1 种，口述其使用操作程序与维护保养的要点。

3. 操作要求

口述使用操作程序与维护保养的要点时要注意安全、仔细。

汽车美容装潢工（五级）操作技能鉴定

试题评分表及答案

考生姓名：　　　　　　　　　准考证号：

试题代码及名称	4.1.1　清洗设备的使用与维护			考核时间				4 min	
评价要素	配分	等级	评分细则	评定等级					得分
				A	B	C	D	E	
在洗车污水循环回用设备、移动式清洗机、空气压缩机、微水洗车设备中随机选取1种，口述其使用操作程序与维护保养的要点	2	A	口述熟练，工艺程序正确，维护保养的要点齐全						
		B	工艺程序正确，维护保养的要点齐全						
		C	工艺程序有个别错误，维护保养的要点基本正确						
		D	工艺程序有部分错误，维护保养的要点基本正确但不全面						
		E	差或未答题						
合计配分	2	合计得分							

考评员（签名）：

等级	A（优）	B（良）	C（及格）	D（较差）	E（差或未答题）
比值	1.0	0.8	0.6	0.2	0

“评价要素”得分＝配分×等级比值。

汽车美容装潢工（五级）操作技能鉴定

试　题　单

试题代码：4.2.1。

试题名称：常用辅助工具的使用与维护。

考核时间：2 min。

1. 操作条件

吸尘吸水器、研磨（抛光）机、打蜡机各 1 台。

2. 操作内容

在吸尘吸水器、研磨（抛光）机、打蜡机中随机抽取 2 种，口述其使用操作程序与维护保养的要点。

3. 操作要求

口述使用操作程序与维护保养的要点时要注意安全、仔细。

汽车美容装潢工（五级）操作技能鉴定

试题评分表及答案

考生姓名：　　　　　　　　准考证号：

<table>
<tr><td>试题代码及名称</td><td colspan="3">4.2.1　常用辅助工具的使用与维护</td><td colspan="3">考核时间</td><td colspan="3">2 min</td></tr>
<tr><td rowspan="2">评价要素</td><td rowspan="2">配分</td><td rowspan="2">等级</td><td rowspan="2">评分细则</td><td colspan="5">评定等级</td><td rowspan="2">得分</td></tr>
<tr><td>A</td><td>B</td><td>C</td><td>D</td><td>E</td></tr>
<tr><td rowspan="5">在吸尘吸水器、研磨（抛光）机、打蜡机中随机抽取 2 种，口述其使用操作程序与维护保养的要点</td><td rowspan="5">2</td><td>A</td><td>口述熟练，工艺程序正确，维护保养的要点齐全</td><td rowspan="5"></td><td rowspan="5"></td><td rowspan="5"></td><td rowspan="5"></td><td rowspan="5"></td><td rowspan="5"></td></tr>
<tr><td>B</td><td>工艺程序正确，维护保养的要点齐全</td></tr>
<tr><td>C</td><td>工艺程序有个别错误，维护保养的要点基本正确</td></tr>
<tr><td>D</td><td>工艺程序有部分错误，维护保养的要点基本正确但不全面</td></tr>
<tr><td>E</td><td>差或未答题</td></tr>
<tr><td>合计配分</td><td>2</td><td colspan="7">合计得分</td><td></td></tr>
</table>

考评员（签名）：

等级	A（优）	B（良）	C（及格）	D（较差）	E（差或未答题）
比值	1.0	0.8	0.6	0.2	0

“评价要素”得分＝配分×等级比值。

汽车美容装潢工（五级）操作技能鉴定

试 题 单

试题代码：4.3.1。

试题名称：消防安全。

考核时间：2 min。

1. 操作条件

酸碱式灭火器、泡沫式灭火器、二氧化碳式灭火器、干粉式灭火器各 1 只。

2. 操作内容

在酸碱式灭火器、泡沫式灭火器、二氧化碳式灭火器、干粉式灭火器中随机抽取 3 种，说出其用途并进行示范操作。

3. 操作要求

（1）使用设备要注意安全。

（2）用途要一一说完整。

汽车美容装潢工（五级）操作技能鉴定

试题评分表及答案

考生姓名：　　　　　　　　　准考证号：

试题代码及名称	4.3.1　消防安全			考核时间		2 min			
评价要素	配分	等级	评分细则	评定等级					得分
				A	B	C	D	E	
在酸碱式灭火器、泡沫式灭火器、二氧化碳式灭火器、干粉式灭火器中随机抽取 3 种，说出其用途并进行示范操作	2	A	对 3 种灭火器全部都能识别，操作演示规范熟练						
		B	对 3 种灭火器全部都能识别，操作演示较规范熟练						
		C	能正确识别 2 种灭火器，操作演示较规范熟练						
		D	能正确识别 1 种灭火器，操作演示较规范熟练						
		E	差或未答题						
合计配分	2	合计得分							

考评员（签名）：

等级	A（优）	B（良）	C（及格）	D（较差）	E（差或未答题）
比值	1.0	0.8	0.6	0.2	0

“评价要素”得分＝配分×等级比值。